日本を弱体化させるワシントン《グローバリスト》の陰謀を潰せ！

マックス・フォン・シュラー
MAX VON SCHULER

ジェイソン・モーガン
JASON M. MORGAN

ビジネス社

はじめに

私は今回の共著者、マックス・フォン・シュラーさんとは、古いお付き合いです。日本や私たちの祖国、アメリカについての意見が合い、マックスさんと話をするのが大好きです。私のふるさと、アメリカ南部に対しても、非常に強いシンパシーを抱いておられ、いつも感謝しています。

そのマックスさんは、日本やアメリカの政治に精通しておられ、とりわけ軍事について知識が幅広くて深い。マックスさんがご著書やユーチューブなどで発信されている情報は正しく、その意見は正論です。

そして、マックスさんの話をお聞きするたび、私は2つの不思議に直面します。1つ目は、「アメリカのことを最もよく知っていると自慢する日本人の専門家（駐在ワシントンの特派員がその中で一番そうですが）」は、なぜ、私とマックスさんが知っているようなアメリカの情報を一切報道しないのか、です。

例えば2020年の大統領「選挙」です。私とマックスさん、そして他の数多くのアメリカ人の考えでは、民主党やディープステートがその「選挙」に介入し、とんでもない選挙不正によって、バイデンという人をホワイトハウスに行かせたのです。

諸外国で何回も、何回も同じようなことをやってきたディープステートにとって、アメリカ国内の選挙不正は朝飯前の仕事。これまで通り、2020年にも同じく不正で「選挙」の結果をでっち上げたのは、一目瞭然です。

しかし日本の「アメリカ専門家」の人々は、「2020年の選挙は公平だった」「アメリカン・デモクラシーは素晴らしい」など、正々堂々と日本国民に真っ赤な嘘をつくわけです。

アメリカの首都・ワシントンD．C．、またはニューヨークのマンハッタンやロサンゼルスから一歩も出ようとしない日本人のアメリカ専門家は、日本国民に対して、アメリカについて間違っている情報、言ってみればフェイクニュースをばら撒いているわけです。

本当に不思議に思っています。

さらに2つ目です。敗戦から80年近くが経つ今になっても、「アメリカの政治や軍事、外交を動かすエリートが集結する国家中枢・ワシントン」に、日本国の運命をなぜ委託するのか、そのマインドはどうなっているのか、ということです。

ワシントンの人々や組織は、日本人に対して原爆投下や大規模空襲などのジェノサイドをやりました。そして日本を占領し、今になっても、ワシントンの人々や組織はこの日本を占領しているのです。

日本がきちんとした主権国家ではなく、日本人が自分の国の行き先を自由に決められない理由は、ワシントンのエリートが日本人を完全に見下しているからです。ワシントンからすれば、日本は理想的な属国です。

ある日本の総理大臣は、日本人ジェノサイドを企画し実行したワシントンの人々のところに行って、「日本はあなたのベストフレンドです」と言う。自ら「アメリカのグローバルパートナーだ」と宣誓するほど、ワシントンに忠実に仕えているのです。日本のリーダーの行動を見て、「ワシントンが日本人を殺戮した歴史を本当に知らないのか」と、私は自分の目、耳を疑いました。

一方で、日本国内で最も「保守」だと自称している人々、とりわけ「アメリカのことに精通している」と自慢している専門家は、同時に最も強く、ワシントンに日本国を売り渡しているのです。そう、いわゆる親米保守です。親米保守の存在は、私には理解できません。ワシントンの本当の姿について日本国民に嘘をつきながら、自国・日本を売り渡す人々は、惨めな売国奴としか言いようがありません。

本書では、マックスさんと私という、アメリカ国籍を持ち、日本を愛しているふたりの人間が、読者の皆さんに、ワシントンについて本当のことを伝えます。そしておこがましいですが、アドバイスもさせていただきます。

それは何かというと、「早くワシントンから独立しましょう」「一切ワシントンを信頼してはいけません」ということです。それから、「親米保守の話を聞かないでください」ということも伝えたい。

もう、時間がないのです。ワシントンは死にかけています。日本は一刻も早くワシントンから逃げて、ワシントンを裏切ってほしい。日本国の本来あるべき姿を取り戻し、日本人として自ら日本国の運命を決めていただきたい。

急げ！

令和6年8月吉日　柏市にて

ジェイソン・モーガン

第1章

日本を見下しつつ、じつは恐れている ワシントンの陰謀

第2章
グローバリストの暗躍で国力を落とすアメリカ、日本

第3章 日本に入り込むフェミニスト、LGBT活動家の実態

第5章 「楯作戦」と「徴兵・徴農」で日本の国力をアップせよ

第6章

本当の歴史を伝え、「素晴らしい日本人」を取り戻せ

第7章 世界一の道徳力を持つ国・日本は必ず復活する！

第1章

日本を見下しつつ、じつは恐れているワシントンの陰謀

日本人を「外国人嫌い」と言ったバイデン大統領の本音

マックス　私は１９７４年にアメリカ海兵隊の隊員として日本に来ました。以来50年間、ほぼ日本で暮らしています。さまざまな日本人を見る中で思うのが、なぜ日本人はアメリカべったりで、属国意識が抜けないのかということです。

日本には素晴らしい歴史や文化がたくさんあります。大東亜戦争では真の独立国として、4年にわたりアメリカと戦いました。そんな日本が敗戦後はすっかりアメリカに骨抜きにされています。

そこにはＧＨＱ以来のアメリカによる洗脳やグローバリズムに対する誤解など、さまざまな要因があるのでしょう。また日本人自身、自分たちがそうした立場にいることに気づいていないことも大きな理由だと思います。

これらを放置していれば、日本はどんどん弱体化していきます。そんな日本を見るのは耐えがたい。

そこで今回の対談では日本を弱体化させている要因をあぶりだし、どうすれば属国から抜け出せるのか、独立国として輝かしい道を再び歩んでいけるかについて、同じく日本を愛するアメリカ人であるモーガンさんと議論していきたいと思います。

モーガン　よろしくお願いします。

マックス　日本を弱体化させている大きな要因に、ワシントンの存在があります。アメリカのエリートたちが集まる支配階級です。政治家はもちろん、軍の将軍や高級官僚などによって形作られ、政治の中枢を担っています。日本はワシントンを「対等なパートナー」と思っていますが、ワシントンは日本をそのような目で見ていません。日本人は「格下の存在」であり、完全に見下しています。

このことを端的に示すのが、ジョー・バイデン大統領の2024年5月1日の発言です。ワシントンで開催された会合で、日本人を「外国人嫌い」と揶揄しました。

この会合はアジア系アメリカ人向けのもので、経済に関する話を行う中で「ロシア、中国、インド、日本といった国々の経済がうまくいかないのは、外国人嫌いで外国人受け入れを拒んでいるから」などと発言したのです。反対にアメリカは、外国人をたくさん受け入れているから、非常にうまくいっているというわけです。

モーガン　バイデンがその発言をする半月ほど前、日本の岸田文雄首相は国賓としてアメリカを訪問しています。このときのバイデンは、日米同盟を称賛する発言をしていました。でも本音は間違いなくこちらです。「日本人は排他的だからダメ」と見下している。本音がポロっと出た感じです。

マックス　バイデン大統領が挙げた4カ国のうち、とくにロシア・中国は、アメリカにとってライバルです。そこに日本も一緒に入れるのだから、仲間とさえ思っていません。日本に対しては、ただ「お金をたくさん出すところ」と思っているだけです。アメリカにとって日本は、その程度の存在なのです。

モーガン　本音は、むしろ敵視していると考えたほうがいいです。日本を利用できると思っているうちは、お金を出したり、協力的な態度をとったりしますが、本当は日本が嫌い。これはバイデンだけでなく、ワシントンの人間は基本的に同じ考えと思っていいです。要は日本はATMなのです。

日本人は黄色人種だから、白人より劣っている？

マックス　そもそも岸田首相が訪米したときのバイデン大統領の態度は、極めて失礼でした。岸田首相は国賓として呼ばれたのに、ワシントンの態度は国賓に対するものではありません。空港に到着したときからそうで、出迎えたのはアメリカのラーム・エマニュエル駐日大使だけでした。バイデン大統領はもとより、カマラ・ハリス副大統領やアントニー・ブリンケン国務長官も来ませんでした。

中国の習近平国家主席が訪米したときは、バイデン大統領はちゃんと空港まで出迎えに行きました。私がもし日本の総理大臣でそのような扱いを受けたら、そのまま飛行機に乗って日本に帰ります。

モーガン　そのほうがよかったと思います。

マックス　ディナーでの態度も失礼でした。岸田首相がちゃんと蝶ネクタイで正装しているのに、バイデン大統領は普通のスーツです。まったく日本に敬意を払っていません。もっとも、バイデン大統領はアルツハイマー病ともいわれますから、正常な判断ができないのかもしれませんが（笑）。

モーガン　でもおかげでバイデンは、本音をうっかり話してしまう（笑）。そこで日本人はワシントンの本心を知ることができるのです。彼はよく「昔、黒人とよく殴り合いをしていた」といった話をします。彼の話を聞いていると、60年前のアメリカの様子がわかります。要は「白人が上で、黒人が下」。

２０２０年の大統領選挙でも、黒人に対してこんなことを言いました。「もしお前たちが私に投票しない場合、お前たちは黒人じゃない」と。つまり「お前たちが黒人かどうかは、俺が決める」というわけです。伝統的に民主党を支持してきたのが黒人です。だから投票しない限り、お前たちは黒人じゃないという。完全に白人至上主義です。

それが岸田首相の訪米で露わになった。日本人は黄色人種だから、白人より劣っているという考えが、バイデンの根底にあるのです。

本当に排他的なのはアメリカ人

モーガン　さらに言えばバイデンの「日本人は外国人嫌い」という発言は間違っています。外国人嫌いに見えるのは、日本の外国とのつきあい方がアメリカと違うことがわかっていないからです。
アメリカには外国人がたくさんやって来ますが、日本は外国人の多様性を尊重して、自分たちが外国に行くのです。そこで自分たちの技術を提供し、たとえばダムや道路をつくったり、井戸を掘ったりする。

アメリカのように移民を呼び寄せて自国で働かせるのではなく、自国民をたとえばアフガニスタンなど相手の国に派遣する。これは相手の国に敬意を持っていることでもあります。素晴らしいやり方です。

私に言わせれば、アメリカのほうがよほど外国人嫌いで、排他的です。たとえば過去50年を見たとき、外国を空襲したのはアメリカなのか、日本なのか。わざわざ他国まで行って空襲し、そこにいる人たちを大勢殺してきたのはアメリカ人です。そんなワシントンに「日本人は外国人嫌い」などと言う資格はありません。

にもかかわらずアメリカのラーム・エマニュエル駐日大使は、日本で「ワシントンは絶対的な善」「絶対的な正義」という雰囲気を醸成しています。それに日本の政権与党が同調して、「日本はもっと移民を受け入れなければならない」などと言いだしているのが現在の構図です。でも本当は、日本人はアメリカ人よりもずっと、外国人を尊敬しているのです。

マックス　日本人が外国人を尊重していることを示す、ちょっとしたエピソードがあります。以前、ＪＲ上野駅と東北本線などを結ぶ上野東京ラインに乗っていたときです。車窓から、どこかでお祭をやっているのが見えました。そこではトルコをはじめ、中近東の人たちが出している屋台もありました。

屋台を出していたのは、日本人と結婚して日本に住んでいる人たちだと思います。自分たちの伝統あるお祭に、日本人は外国人を受け入れてくれるのです。アメリカでは外国人をそこまで受け入れることはありません。

日本人は相手が外国人でも、日本人と結婚して日本に住むようになれば、彼らも仲間と考えるのです。

日本語を話せるアメリカ人が少ない理由

マックス　ただ一方で、日本人を見下しているのは、ワシントンだけではありません。基本的にアメリカ人はみんな日本人を見下しています。私が海兵隊員として日本にいたときも、アメリカの軍人は日本の自衛隊をバカにしていました。規則では他国の士官に対して、アメリカの兵士は敬礼しなければなりません。ところが実際に敬礼する兵士は私以外いませんでした。私が敬礼すると、よく日本の士官たちが驚いていました。

また私の赴任地は山口県の岩国基地だったので、ときどき広島に飲みに行っていました。当時の治安は非常によく、女性が夜中の2時でも一人で歩いていられました。そんな日本を私は素晴らしい国だと思いましたが、他の隊員たちは「アメリカは素晴らしい」と言っている。どこを見ているのかと思いました。

私は日本語もすぐに覚えました。日本が好きだったからです。でもこれはアメリカでは、非常に悪いことなのです。他国の言葉をしゃべる人をアメリカ人は信用しません。軍はとくにそうです。

モーガン その話は私も聞いたことがあります。「日本語を覚える奴は怪しい」と。

マックス 私の父も私が日本語を覚えたので、「息子は共産主義のスパイ」とFBIに通報しました。

モーガン 日本語を覚えただけでFBIに通報されたのですか!

マックス 「日本が好き」というのも理由の一つです。父の考えでは、アメリカは世界一の国です。それなのにほかの国が好きになったり、褒めたりするのは、共産主義に洗脳され、共産党に利用されているというわけです。

それでも私が助かったのは、私自身が日本で海軍情報局の秘密調査員つまりスパイだったからです。当時はベトナム戦争の最中で、アメリカ共産党は在日米軍基地の外に諜報網を張りめぐらせていました。おもな目的は、米軍基地に核兵器がある証拠を見つけることです。その情報を使って、日米関係を悪化させようとしたのです。さらに在日米軍兵がソ連経由でスウェーデンに脱走する手助けもしていました。

そんな彼らが私を共産党に引き入れようと、スカウトしたことがあるのです。私は翌日、その件を大尉に報告しました。すると大尉は私をすぐに情報局に連れて行き、それ以後、私はアメリカ海軍のために働く秘密調査員になったのです。

モーガン　すごい話です。

マックス　逆にいうと日本語を話すアメリカ人は、スパイ扱いされるほど少ないのです。昔より少しは増えていますが、いまも日本語をしゃべれるアメリカ人は少数です。日本にいながら、日本を尊敬していないのです。

「アメリカ人が好きか？」と確認したがるアメリカ人

マックス　だからアメリカ人は自分たちが特別扱いされるのも当たり前と思っています。

日本人は日本に来た外国人に対して、最初の半年ほどは特別扱いします。いまは来たばかりだから仕方ないけど、そのうち日本語や日本の文化・風習も覚えるだろうと思っているからです。

実際ほとんどの外国人は、半年もすれば片言でも日本語をしゃべれるようになるなど、だんだん日本に馴染んでいきます。ところがアメリカ人は、日本語を覚えようとしないし、日本社会に馴染もうともしません。アメリカ人への特別扱いが永遠に続くのを当たり前と思っているのです。

モーガン　甘えているのです。

マックス　このことは海兵隊を辞めたあと、20年ほど日本の外国人タレント事務所で働いていたときに顕著でした。私は自分自身テレビなどに出る一方、出番がない日はどこかの撮影現場に行って、外国人タレントのマネージャーをしたり、通訳をしたりしていました。

事務所にはいろいろな国の人が所属していましたが、アメリカ人の相手をするのがいちばん大変でした。イギリス人も近いところがあり、ものすごく威張るのです。現場に不適切な服装で来ることも多く、とにかく日本人をバカにしている雰囲気でした。

モーガン　私もテレビ局などで、そのようなアメリカ人やイギリス人を見たことがあります。

マックス　当時の私の身分証明書の写真を見た妻は、「いまより20歳ぐらい年上みたい」と驚いていました（笑）。

モーガン　それぐらいストレスで老けて見えた。

マックス　私はお酒が好きですが、いまは週に2日飲むぐらいです。それが当時はストレスで毎日飲んでいました。

モーガン　本当にアメリカ人は特別扱いが好きです。

マックス　一方でアメリカ人は、日本人に対してすぐに「アメリカ人が好きですか？」と聞きたがります。本当はアメリカが嫌いではないかと疑っているからです。

過去にアメリカは日本と戦争しているし、戦後もさまざまな圧力をかけています。日本の総理大臣がワシントンに無理難題を要求されたといった話もよく聞きます。それで本当に日本人はアメリカを好きと思っているかを確認したがるのです。

モーガン　そうしたアメリカ人と日本人の関係は、アメリカの南部でも見られるように思います。私はアメリカ南部の出身ですが、南部には「威張る人」と「威張らない人」と

「黒人」がいるのです。私の家は貧しく、分類でいえば「威張らない人」です。意識としては、黒人に近いものがあります。

一方、お金持ちは「威張る人」です。彼らは黒人を「自分たちを支えるためにいる存在」と考えています。物を持ってきてくれる。料理をつくってくれる。掃除をしてくれる。クルマを運転してくれる。要は召使いです。

これが彼らの常識で、そのDNAが日本に来ても残っているのです。日本ではただの外国人なのに、「日本人が料理をつくって当たり前」「座っていればお茶が出て当たり前」と思っている。

その典型がエマニュエル大使です。彼の態度を見ていると「俺はこの国の代表者で、総理大臣も俺の言いなりになって当たり前」と思っているようにしか見えません。

マックス　確かに岸田政権に対して、完全に見下しています。

モーガン　もう女中扱いです。

アメリカに来て母国語を捨てた昔の移民たち

マックス　ただアメリカ人のそうした態度の背景には、自分たちの文化に自信がないこともあるように思います。

モーガン　そもそも自分の文化を持っていないのです。ただし移民による文化はあります。アメリカ文化の最も基礎的な部分は、本来は黒人文化です。ジャズがそうだし、ロックンロールももとは黒人のブルースがルーツです。

マックス　私は学校でドイツ語とフランス語を覚えましたが、やはり父が怒りました。「なんで外国語をしゃべるんだ！」と。父の祖国はドイツです。母の祖国はスウェーデンです。それなのに私がドイツ語や他国の言葉を勉強すると「アメリカの敵」と言われてしまうのです。

モーガン　昔の移民がそうでした。「自国の言葉を忘れて英語を覚えよう」と。お父さんはドイツ語を話せたのですか？

マックス　話せません。母の場合、母の両親、つまり私の祖父母の時代にスウェーデンから来たのでスウェーデン語を話せます。それが父は不満でした。

モーガン　自分のルーツの国の言葉を話させない。どちらが排他的かということです。私はハワイ大学で、中国語を勉強しました。クラスメートのほとんどは中国系の人でした。白人は私ともう二人だけで、あとは中国からの移民の子どもや孫たちです。

中国から移民で来た人たちは、アメリカ社会に溶け込みたいから中国語を話さない。ところが子どもや孫の世代になると、自分の祖父母たちの言葉が気になる。それで大学でゼロから学び始めるのです。

だから移民で来た人たちは、ほとんどが自国語を話さない。そうして言葉が消滅していく。それぐらいアメリカは排他的なのです。「外国語を話すのは恥ずかしい」というムードをつくっている。「外国語をしゃべる人はアメリカ人ではない」という発想です。

マックス　2001年の9・11同時多発テロが起きた頃には、飛行機の中で外国語を話していた外国人が逮捕されたケースもあります。中近東から来た人が、窓から見える風景について英語以外の言葉で話していたら、白人が「テロリスト！」と騒ぎだし、逮捕されたのです。

私も似たような体験をしたことがあります。私と私の日本人の彼女と日本人男性2人の

4人で、アメリカ国内をグレイハウンドバスで旅行していたときです。日本語でカードゲームをしていると、黒人の高齢女性が包丁を取り出し、「スピーク・イン・イングリッシュ！」と怒鳴りだしたのです。

結局、次のターミナルで私たち4人は降ろされ、別のバスに乗り換えるように言われました。騒ぎを起こしたのは黒人女性なのに、私たちが出て行かされました。

モーガン　私も包丁ほどではないですが、同じような経験があります。テネシー州のチャタヌーガ市の公立図書館に勤めていたときです。一人のアジア系アメリカ人が、職員に「この本を探しています。どこにありますか？」と尋ねたのです。

もちろん英語です。ところが聞かれた職員は「英語じゃないとわかりません！」と答えたのです。英語で話しているのに、見た目がアジア系だから英語で話していないと思い込んでいる。英語で言っているのに「英語で話せ」と言われ、その人は困惑していました。

テネシー訛りのふつうの英語を話しているのに、「アジア系の人間が英語を話すはずがない」という偏見があるのです。それぐらいアメリカは排他的で、これが本質なのです。

日本に来たペリーは日本人を恐れた

マックス　ただし一方でワシントンは、日本を恐れてもいます。1853年にアメリカのマシュー・ペリー提督が、黒船4隻を連れて日本に来ました。このとき日本人は黒船を見てアメリカを恐れましたが、じつはアメリカ人も日本を恐れたのです。日本人が自分たちより、はるかに優秀な民族だったからです。

たとえば識字率です。江戸時代の日本には寺子屋があったから、国民の8割が文字を読めました。一方、当時のアメリカの識字率は4割しかありません。アルファベットは26文字しかないのに、読めない人が6割もいたのです。

またペリーは来日に際し、鉄道の4分の1模型や銃など、いろいろなプレゼントを日本に渡しました。その翌年にペリーは前回よりさらに多い、16隻の艦隊を連れて来日します。このとき日本人は、新しい蒸気機関車を自作していたのです。

プレゼントされた鉄道模型のエンジンをばらし、研究して自分でつくれるまでになった。銃に至っては、アメリカ製より優れたものをつくっていました。これにショックを受けるのです。

モーガン　戦国時代にも同じようなことがありました。種子島に漂着した西洋人によって、火縄銃が日本人にもたらされます。やはり日本人は1、2年で、より優れた銃をつくるようになりました。

マックス　そうした日本人の能力に恐怖を感じたのです。そこで「日本人は黄色人種だから、白人より下」と考え、恐怖から目を背けることにしたのです。

モーガン　伊藤七司という、戦前の朝日新聞の記者がいます。アメリカに長年滞在し、戦時中に「アメリカが日本に謀略を仕掛けている」といった内容の『米國の對日謀略史』を書いています。

２０２３年11月に経営科学出版から復刻本が出ていて、私も読みました。アメリカの日本に対する考え方を見事に分析しています。それはいま言われたように「見下しているけれど怖い」です。

日本人を見て、「もう一人のインディアン」と思ったかもしれません。ただしインディアンのほうが、アメリカ人にとって殺しやすい存在でした。

マックス　ヨーロッパからアメリカに渡ってきた人たちのほうが、インディアンよりよい武器を持っていたし、人口も多かったから。

モーガン　「殺しやすい」などというものでなく、やりたい放題でした。一方の日本人は、抵抗してきそうな予感があり、敵として怖い。これがいまのワシントンの対日感情につながっているのです。

マックス　怖いから日本を押さえたい。

モーガン　封じ込めたい。

マックス　やはり対等でも同盟関係でもありません。

モーガン　エマニュエル大使は「中国が怖い」「北朝鮮が怖い」などと言っていますが、本当に恐れているのは日本です。だから日本に対して中国の恐怖を煽り、日米同盟をもっと強靭にしたい。「アメリカが中国から日本を守ります」と言っていれば、日本は武力を強くしようと考えません。本当に中国が怖いなら、日本に「もっと強くなれ」と言うはずです。

マックス　アメリカは、本当は中国とビジネスをしたいと思っています。でも日本人が怖いから、中国と親しくなりすぎて日本に敵視されると困る。それで日本人にいい顔を見せているのです。

「アメリカは日本を守る」の信憑性

マックス　アメリカはいま治安が非常に悪化しています。バイデン政権の移民政策の結果です。これもワシントンを信じてはいけない理由の一つです。

私の生まれは、ギャングで有名なシカゴです。私の若い頃も治安が悪かったですが、怖いのは夜だけで、昼間はそうでもありませんでした。それがいまは、昼でも怖い街になっています。

広島も昔より治安が悪くなっていますが、危ないところはそれほどありません。東京だって夜中に女性が歩くことができます。

モーガン　日本も外国人労働者の多いところは、危ないところが多いです。たとえばクルド人の多い、埼玉県川口市です。六本木も外国人が多いので、私は行きたくありません。

マックス　新宿も外国人が多い街です。私は新宿の思い出横丁やゴールデン街によく行きますが、それほど危険は感じません。怪しい店に入れば、ぼったくりにあうかもしれませんが、街を歩くだけなら問題ありませんよ。ところがニューヨークは、昼間歩くだけでも危険です。

モーガン　危ないのはニューヨークに限りません。いまのアメリカは、ニューオーリンズもシカゴもサンフランシスコもワシントンもアトランタも、どの街でも犯罪率が急増しています。シカゴは昔から治安が悪いことで知られますが、近年のニューオーリンズはシカゴよりも殺人事件が増えています。

ニューオーリンズは私の故郷ですが、いまや普通に街を歩けない最も危ない都市の一つになっています。これも不法移民が原因の一つです。現在、私の親が住んでいるアラバマ州はニューオーリンズのあるルイジアナ州から少し離れているのですが、かなり田舎なのに、不法移民が大勢来ています。

これはワシントンが自分の国を守ろうとしていないからです。だから不法移民がどんどん入ってくるし、野放しになっている。そんなワシントンが他国を守る保証などありません。

2022年から始まったウクライナ戦争も同じです。自分たちの都合に合えば守るし、合わなければ見捨てる。要は戦争ビジネスに都合がいいか悪いか、それだけです。日本に対しても同じです。「アメリカは日本を守る」と言っていますが、そのときになってみなければわかりません。

日本が買った防空システムは役に立たない

モーガン　そもそもワシントンが他国の戦争に協力するのは、武器を売り、戦争ビジネスで儲けたいからです。要は戦争ビジネスのために、戦争を永遠に続けたい。ウクライナ戦争もそうですし、イスラエルとハマスの間で起きている武力衝突についてもそうです。

休戦交渉を提案するときも、本気で終わらせるつもりはありません。おかしな干渉をして、また戦争を再開させることを考えています。

マックス　今回のウクライナ戦争で、アメリカはM1エイブラムス戦車をウクライナに30台提供しています。ただし最近、「エイブラムスを戦場で使うな」という命令を出すようになっています。ロシアの武器に敵わないからです。

エイブラムスがロシア軍にやられる様子がユーチューブなどに流れると、兵器としての価値が落ちてしまう。戦争ビジネスとしてマズいから、戦地に出させないようにしているのです。アメリカの兵器は、すべて兵器ビジネスで稼ぐための手段です。

じつはドイツのレオパルト戦車も、ロシアの武器に敵いません。このことはロシアの広場に展示されている、破壊されたアメリカのエイブラムスやドイツのレオパルトを見ればわかります。ロシア兵が壊れたアメリカやドイツの戦車を持ち帰り、それを展示しているのです。

同じことは日本がアメリカから購入している兵器にもいえます。最新鋭といわれるF-35A戦闘機や防空システムもダメです。私はアメリカの民主党で委員を務めていたことがあります。その時代の友だちにボーイングの元副社長がいて、アメリカの防空システムは戦場で役に立たないと言っていました。

モーガン　アメリカの防空システムがダメという話は、私も聞いたことがあります。

マックス　つまりアメリカの兵器は、高額なのに役に立たない。わかりやすい例がF-16戦闘機です。アメリカがウクライナ空軍に提供することになっていますが、設計時期は50年も前です。

モーガン　要らない兵器の棚卸というわけです。

マックス　F-35だと値段が高すぎるのでF-16を提供するのですが、ロシア相手には意味のない戦闘機です。

F-15は、2019年にアメリカがボーイングに80機発注しています。これは自衛隊に売るためのものです。自衛隊は最新鋭のF-35Aのサポート役にするつもりですが、ミサイルは通常4本しか積めず、追加しても爆弾15個程度です。とても実戦では使えず、英語でペーパーウエイトと呼ばれています。

モーガン　まるで文鎮ですね。紙を押さえるぐらいにしか使えない。

マックス　そんなものを日本に売っているのです。要はお金目当てです。

モーガン　兵器といえば、日本は2023年12月に地対空ミサイル・パトリオットをアメリカ経由でウクライナに供与すると決めました。すでに80発が送られましたが、これに対し、アメリカの評論家が「何の冗談ですか」と笑っていました。

そもそもロシアの兵器のほうが優れているのに、わずか80発のパトリオットで何ができるのかというわけです。日本はワシントンの尻馬に乗って、「ウクライナに貢献している」というパフォーマンスをしているだけなのです。

一方でワシントンが岸田政権に望んでいるのは〝大砲に食べさせる草〟、つまり日本人の犠牲です。

マックス　いまはそれをウクライナに対してやっています。ウクライナ兵を犠牲にして、アメリカの平和を守ろうとしている。

モーガン　だから今後、日本の自衛隊員が死ぬことがあっても、日本のためではなく、ワシントンのためになってしまうのです。台湾やフィリピンで何か起こったとき、アメリカ兵ではなく、まず自衛隊に行かせるはずです。2024年4月の日米首脳共同声明のタイトルは「未来のためのグローバル・パートナー」ですが、これがアメリカの考えるグローバル・パートナーシップなのです。

マックス　さらに言えば、ワシントンはアメリカ人にとっても敵、という側面が多々あるのです。

モーガン　私たちアメリカ南部の人間にとってはまさにそうです。一番怖い敵は、ワシントンです。中国も確かに不気味ですが、距離が遠いのでそれほど怖くありません。

マックス　私も中国をライバルとは思いますが、敵とは思っていません。それよりもワシントンこそ、本当の敵です。日本人もワシントンを敵と考えるべきです。個人的に親切で優しいアメリカ人はいますが、政治の中枢の人々や組織も同じと考えてはいけない。

モーガン　そう。個人レベルでのアメリカ人と、ワシントンは全然違います。

マックス　ワシントンが考えているのは、利益だけです。利益になるなら、アメリカ人も平気で犠牲にします。

典型が医療に対する考え方です。日本のような国民皆保険制度がないので、アメリカで病気になると、自己破産も珍しくありません。また、お金が調達できず治療を受けられない場合も散見します。今後ワシントンは日本を潰すため、日本の医療保険制度も崩壊させようとするはずです。この点も日本は警戒する必要があります。

「努力を厭わない国民性」が狙われている

マックス　今後ワシントンに対して警戒すべきなのが、共同開発の誘いです。もともとワシントンが日本を恐れる理由の一つが、努力を厭《いと》わない国民性です。アメリカ人は努力をしない国民になっているからです。
いまのアメリカ人は、独立宣言の言葉一つとっても、意味を取り違えています。独立宣言には、すべての人間は平等で、幸せを追求する権利があると書かれています。どこに生まれても、金持ちであろうと貧乏であろうと、どのような立場に生まれても、幸せを追求する権利がある。ただし「成功する権利がある」とは書かれていません。成功する保障はないのです。

この点を多くのアメリカ人は誤解しています。「アメリカ人として生まれたから、成功するのは当たり前」と思っているのです。

現実にはもちろん成功しない人もいます。アメリカ人で成功しないケースがある一方、日本人が一生懸命頑張って成功するケースがある。このことをアメリカ人は許せないのです。だから、どうにかして潰そうとするのです。

これはドイツ人に対しても同じです。とくにロシアとドイツを結ぶパイプライン、ノルドストリームの開通で、ロシアの天然ガスがドイツに直接届くようになりました。これでいっそうドイツ人を恐れるようになっています。

ウクライナ戦争が始まってから、ノルドストリームが爆破される事件が起こりました。あれを見てワシントンは喜んでいます。ドイツで天然ガスが不足して、工場が十分に稼働しなくなれば、ドイツの工場をアメリカに呼べるからです。そうしてドイツの工場をアメリカの工場にしようというわけです。

私は父がドイツ人だから、そうしたワシントンの汚さを見る中で、いまでは自分をアメリカ人ではなくドイツ人と思うようになっています。

そしてワシントンは日本の工場や日本の技術も狙っています。日本のマスコミは報じませんが、岸田首相が訪米した際、バイデン大統領は「日本の技術を使って、アメリカと一緒に武器をつくりましょう」と誘っています。これはアメリカの外国人技術者が、どんどん母国に戻っているからでもあります。

モーガン　中国やインドの科学者たちですね。

マックス　そうです。日系アメリカ人3世で理論物理学者のミチオ・カク氏も、周囲の外国人が大勢母国に戻っていると言っていました。アメリカは治安が悪いので、家族を持ったり、子どもができたりすると、住みたくなくなるのです。

昔から優秀なアメリカ人は科学方面に向かおうとせず、金融つまりお金儲けの道に進みます。だからアメリカの科学者は、6割が外国生まれです。その科学者たちが、自分の国に戻りだしているのです。

極超音速ミサイルの開発もロシアや中国のほうが先行し、アメリカは後れをとっています。彼らに追いつくために、日本と共同開発したいのです。

とはいえ共同開発は日本にとって得策ではありません。アメリカの流儀に合わせなければならず、都合よく使われるだけです。

モーガン　そのとおりです。

マックス　アメリカの歴史を見ると、ワシントンは外国人をみんな〝資源〟と思っていることがわかります。イタリア人のクリストファー・コロンブスがアメリカ大陸を発見して以来、ヨーロッパからやって来た白人たちは、つねに外国人を利用してきました。インディアンもそうだし、奴隷もそうです。奴隷制度がなくなると、今度は移民を受け入れて利用してきました。

そしていざ移民たちが活躍しだすと危険を感じ、排斥運動をするようになるのです。日本人や中国人に対する排斥運動が典型です。

科学分野でのノーベル賞受賞者も、ダントツに多いのはアメリカですが、よく見ると生まれはアメリカでない人がほとんどです。ドイツ出身、日本出身といった人たちばかりで、移民として来た人たちが、アメリカで科学者や技術者として成功しているのです。

そうした人たちが、アメリカの治安が悪化し、さらに人種差別などもあって国に帰ろうとしているのです。今後のアメリカでは、電気もまともに使えず停電だらけになるかもしれません。電気を制御する技術者が不足しているからで、それぐらい技術者が不足しています。

アメリカは、いわば移民の上に成り立っている寄生虫のような国です。その移民がどんどんいなくなり、これからは日本人に寄生しようとしているのです。

寄生虫が次々に新しい宿主《しゅくしゅ》を探すように、今度は日本という太っておいしい宿主に寄生しようとしている。やがて宿主から養分を吸いつくしたら、とっとと捨てることは間違いありません。

ワシントンに頼っても拉致被害者は帰ってこない

モーガン　結局、日本はワシントンに振り回されているだけなのです。日本の悲願の一つに、ロシアからの北方領土返還があります。でもいまの日本にロシアが返すはずはありません。

プーチン大統領に強い姿勢を見せれば取り戻せるという人もいますが、プーチン大統領は日本の兵器を恐れていません。むしろ日本を侮っています。取り戻すには軍事力を強化するしかない。

マックス　そもそもアメリカと同盟を結んでいる限り、戻ってきません。

モーガン　そのとおりです。プーチン大統領に「返さなければ核を落とす」ぐらいのことを言えばわかりませんが、たんに交渉で「お願いします」と言うだけではダメです。ある意味、日本にとってワシントン自体が枷《かせ》になっています。アメリカと組んでいる限り、日本は強くなれないし、要求も通らない。

拉致問題もそうです。日本は拉致問題をワシントンに任せっぱなしですが、ワシントンは拉致問題を都合よく利用しているだけです。

ワシントンにとって最悪なのは、拉致被害者の象徴ともいえる横田めぐみさんが日本に帰ってくることです。帰ってきたら拉致問題を日本を利用するカードにできなくなるからです。だから永遠に拉致問題は解決したくないというのが、ワシントンの本音です。

北朝鮮が拉致被害者を帰さずにいるのは、アメリカが北朝鮮に経済制裁をかける口実にもなっています。彼らが帰ってきたら、それができなくなるということもあります。だから何度ワシントン詣でをしても、ワシントンは動かないのです。

横田めぐみさんのお母さんの早紀江さんをはじめ、拉致被害者の家族の気持ちになると胸が痛みます。家族たちの気持ちさえ利用して、ワシントンは日本を操ろうとしている。同じアメリカ人として本当に情けないです。

マックス　ワシントンが操っているのは、日韓関係も同じです。日韓関係で大きな問題の一つが、従軍慰安婦問題です。こちらもいっこうに解決しないのは、ワシントンが後ろで手を出しているからだと思います。日本と韓国が和解して強い同盟関係を結ぶようになれば、困るのはアメリカですから。

モーガン　私も同感です。

マックス　慰安婦問題が解決しないように、韓国の団体にお金を出している人も探せば出てくると思います。日本と韓国の関係がこじれているからこそ、アメリカが仲裁役として、双方に存在感を示すことができます。それが日韓関係に対するワシントンの考え方なのです。

尖閣諸島の防衛にしても、最初に動くのはいつも海上保安庁です。その後ろに海上自衛隊が控えているわけですが、さらに後ろにアメリカ軍がいるかというと怪しいものがあります。

「パックス・アメリカーナ」の嘘

モーガン　冷静に考えて、戦後の東アジア情勢は歪《いび》つです。アメリカがドンと上に乗っかり、戦前の日本が手掛けていた台湾や朝鮮半島などとの地政学的問題を引き継いだ。その結果、朝鮮半島の半分を支配し、台湾も勢力下に置いている。太平洋を隔てた先にあるアメリカが、そのような力を持っているのは不自然です。

歴史を遡ると、過去２０００年以上にわたり、日本列島と朝鮮半島と中国は、何となくお互いの立ち位置を調整しながらつきあってきました。ところが現在は、アメリカの影響力がなくなれば、東アジアはカオスになるかのように言われている。その前提がおかしいのです。

アメリカがいなくなれば、日本人が頭を使い、過去にそうしたように朝鮮半島や中国との関係を調整していくはずです。日本人も中国人も朝鮮人もバカではありません。自分たちでうまくやっていけます。

「アメリカが東アジアからいなくなれば、パックス・アメリカーナが失われる」というのがワシントンの主張です。でも実際は、アメリカがいないほうが平和になります。
マックス パックスはラテン語で「平和」の意味です。パックス・アメリカーナは「アメリカによる平和」のことです。
モーガン でも「アメリカによる平和」は矛盾しています。
マックス 実際アメリカは、あちこちに行って戦争していますからね。
モーガン 「戦争アメリカーナ」(笑)。
マックス ラテン語なら「ベルルム・アメリカーナ」。ラテン語で戦争は「ベルルム」です。
モーガン つまり「パックス・アメリカーナ」という言葉自体が嘘なのです。
マックス 日本人は本当に優しいので、人を信用します。確かに正直なアメリカ人もいますが、その人とワシントンの人を同様に見るのは間違いです。
モーガン 私の経験でいうと、アジアで西洋人を信用しているのは、日本人と韓国人の一部だけという気がします。他のアジア系の人々は、もうかなり気づいています。「アメリカを信じてはいけない」と。
日本人にとっての西洋人は、アメリカ人にとってのインド人のようなものかもしれません。アメリカ人はインド人に弱いです。アメリカに来たインド人なら、どんな詐欺師でも信用します。インド人はみんな哲学者で、グル（師）だと思っているからです。どんな変なことを言っても「この人はすごい」という目で見るのです。

マックス　本当に日本人のアメリカ人を見る目のなさには驚きます。アメリカは素晴らしい国で、アメリカ人を神様のように思っている。日本に来て、そんなことを言う日本人にたくさん会いました。「日本よりアメリカのほうが断然劣っています」と言っても信用しません。

バイデン大統領が移民政策で求めていること

マックス　大東亜戦争を仕組んだのもワシントンです。日本人は本当はアメリカと戦いたくありませんでした。当時の近衛文麿首相は、中国と和平交渉を進めるつもりでした。ところがワシントンがこれを拒み、日本はアメリカと戦争せざるを得なかった。つまりワシントンのやっていることは、昔もいまも変わっていないのです。

モーガン　１８９９年にアメリカのジョン・ヘイ国務長官は、中国に対して門戸開放宣言を発表しました。中国に対する門戸開放・機会均等を述べたもので、アメリカがいつも言っているオープンドア政策です。

ただしこれは先程の朝日新聞の伊藤の『米國の對日謀略史』によると完全に矛盾しています。アメリカは一方でモンロー主義を唱え、ヨーロッパに対し「アメリカには来るな」と言っていました。ところが中国については、やりたい放題でいいとしたのです。

マックス　しかも実態はアメリカだけが中国に進出するというものでした。中国に進出していいのはアメリカだけ。これがアメリカにとっての当たり前です。

モーガン　中国にはイギリスも進出していました。当時はまだイギリスのほうが強かったので、競争してもアメリカは勝てなかった。そこで「みんなで一緒に進出しましょう」と言ったのです。その後、力をつけたところで、話が違う。

日本はそれを見ていたから、ワシントンのやり方がわかっていた。彼らは理不尽なことばかり言うから、それに対しては、先手を打つしかないということで真珠湾攻撃をせざるを得なかったのです。

マックス　このときワシントンは、日本が真珠湾攻撃をするとわかっていました。私は12歳のときに、このことに気づきました。それを父に話すと父から殴られました。「事前にわかっていたら、みすみす攻撃させるはずがない。アメリカは水兵を犠牲にしない！」というわけです。でもワシントンは国民の犠牲を何とも思っていないのです。日本人のみならず、アメリカ人でもこのことに気がついていない人が多いのは、悲しいですね。

第2章

グローバリストの暗躍で国力を落とすアメリカ、日本

ニューヨーク地裁の判決のおかしさ

マックス　第1章でワシントンが日本を「お金を引き出すATM」としか見ていないこと、その一方、本音では日本人の優秀さを恐れているといった話を述べてきました。

現在ワシントンにいるのはバイデン政権ですが、このバイデン政権を支える大きな力となっているのが、投資家のジョージ・ソロス氏やマイクロソフト創業者で慈善家のビル・ゲイツ氏をはじめとする経済界のグローバリストです。

モーガン　世界の経済を牛耳るグローバリストは、国際連合や国際協調などを重視する人たちです。多様性や人権、環境といった問題にも積極的で、日本でもこうした価値観を大事にする風潮になっています。左翼とも親和性が高いです。

マックス　でもグローバリストたちの唱えるきれいごとは、実際は自分たちの金儲けのためのものです。自分の利益になるかならないかで、物事を判断します。その点でワシントンと通じるところもあります。

一方で彼らは左翼の資金源にもなっています。近年増えている過激な抗議デモには、彼らからのお金も多く流れています。彼らの協力により抗議デモは激しさを増し、アメリカの混乱に拍車をかけてきています。

グローバリストは日本も狙っています。日本の左翼や活動家らを支援し、日本にアメリカ同様の混乱を招かせようとしています。そこで本章ではアメリカのグローバリストの欺《ぎ》瞞《まん》性、危険性などについて議論したいと思います。

グローバリストの欺瞞の一つが、協調や多様性をうたう一方、自分たちと違う価値観を持つ人には排他的で、相手を陥れるためには平気で嘘をつくことです。典型が、ドナルド・トランプ前大統領に対する扱いです。

2024年2月にニューヨーク州地方裁判所は、トランプ氏が所有資産の価値を過大に申告し、税金逃れをしたとして約3億5000万ドル、当時の日本円で約500億円にのぼる罰金の支払いを命じました。加えてニューヨーク州内で企業活動を行ったり、金融機関から融資を受けることを3年間禁じました。

ニューヨーク州は、投資家をはじめ富裕層が多く集まる、グローバリストの牙城ともいえる地域です。そこで出されたこの判決は、まさにグローバリストの本領が発揮されたものだといえます。

世界への影響力を行使することよりも「アメリカ第一主義」を掲げているトランプ氏は、グローバリストにとって都合が悪く、排除したい対象です。２０２４年の大統領選挙では、絶対に勝たせたくない。それが形になって現れたのが、この判決です。

本来、所有資産を多く申告するのは、犯罪ではありません。ビジネス交渉の一種です。これが犯罪になるなら、ニューヨークでビジネスをする人や投資家にとって大変な話になります。

それがわかっているから、ニューヨーク州知事は判決後、投資家たちに向けて「安心してください。これはトランプ前大統領を叩くのが目的です」といった発言をしています。

モーガン　私も聞きました。

マックス　つまりこれは、一般の人にとっては犯罪ではないのです。トランプ氏を逮捕するため、法律をねじ曲げて有罪にしたのです。しかもその場にいた投資家たちも、知事の説明に納得していました。つまり彼らも、トランプ氏と同じことをやっているのです。それなのに彼らは逮捕されず、トランプ氏のみ逮捕されたのです。

法律は無差別に人を守るもののはずなのに、自分たちと正反対の主張をするトランプ氏には、ねじ曲げた法律を当てはめる。これがグローバリストのやり口です。

モーガン　グローバリストの力が強いアメリカはすでに、魔女狩りの国になっています。

グローバリストが中国に味方する可能性

マックス　そう考えたとき、もし日本が中国と戦争になっても、アメリカが守ってくれないことは十分あり得ます。現在グローバリストたちの中国に対する考えは、「アメリカの覇権を守るためには戦争も辞さない」と「ビジネスがしたい」という気持ちが半々です。

これが「ビジネスがしたい」という気持ちが強くなり、中国から「私たちとビジネスをしたいなら沖縄をくれ」と言われれば、彼らは自分たちの利益のために沖縄をあげるよう政府に働きかけるでしょう。その結果、沖縄にいる米軍が全員、引き上げることもあり得ます。

モーガン　もちろん尖閣諸島や北方領土も同じです。ただ私は中国は、沖縄についてもっと狡猾《こうかつ》な手を打ってくる気がします。

中国のやり口を見ていると、彼らはもっと狡賢《ずるがしこ》いです。いまアメリカの白人には「自分たちがインディアンからこの国を奪った」という罪悪感を持つ人が増えています。その白人の罪悪感を中国人は、中国のために利用しようとしているように思います。

たとえば沖縄の玉城デニー知事が２０２３年7月に、北京市郊外にある墓地の跡地を訪れました。ここには清朝時代に琉球王国から派遣された役人などが埋葬されています。そこを沖縄県知事が訪れるということは、沖縄がもともと琉球で、琉球は中国の属国だったと認めているのに近いです。

そこで中国が、「沖縄の人たちの先祖は中国人と同じで、いわば華僑です。長く中国から離れていましたが、そろそろ母国に戻してあげませんか？」などと言えば、アメリカ人の心に響くのではないでしょうか。

「卑怯な日本人が、長年、中国から琉球を奪ってホロコーストを行っていた。沖縄は本来中国の一部だから、中国に返さなければならない」などと言いだす。白人の罪悪感を利用して、戦争をせずして沖縄を手に入れることができるのです。

戦争をせずに、沖縄の人たちを漢民族に変える。そんなストーリーは、かなり成り立つ気がします。「大昔から琉球は、中国の軌道を巡る惑星の一つだった」というわけです。

琉球をめぐっては、長く日中の歴史戦が行われてきました。日本が述べる歴史的事実は「琉球は日本と中国の両方に属していた」というものです。ただしプロパガンダは、中国のほうがうまい。史実とは無関係に、平気で嘘をつきます。それも大きな声でみんなに触れ回る。

そうしてアメリカを味方につけ、日本が根負けして諦めるというのが中国のシナリオです。とくにグローバリストたちは、この中国のシナリオに乗りやすい気がします。

マックス　それに日本がどう対抗するか。言うべきことは、ちゃんと言う必要があります。

モーガン　注意すべきは沖縄だけではありません。尖閣諸島についても、中国は「中国のものである」と主張しています。でも尖閣諸島は歴史的な事実として、明らかに日本のものです。

マックス　戦前には日本人の村がありました。間違いなく日本のものです。

モーガン　だから日本は、尖閣諸島に中国の船が近づいたら沈めればいい。「ここは日本の領土だ。勝手に侵入したから撃沈した」と言って。それをしないから、いまや尖閣諸島の領海は、中国のやりたい放題になっています。

そこにはアメリカのグローバリストたちが、バイデン政権を通じて日本を押さえつけていることもあります。尖閣諸島のような小さな島を巡って、中国と事を荒立てたくないからです。中国はそれもわかっていると思います。

抗議デモの後ろにいるグローバリスト

モーガン　もう一つグローバリストたちを警戒すべき理由は、彼らがアメリカに内戦をもたらそうとしていることです。一見、平和主義を装いつつ、アメリカを分断しようとしています。

マックス　そのとおりです。2024年5月頃からアメリカの大学で、イスラエルとパレスチナとの戦いをめぐり、さまざまな反戦デモが起きています。これも裏にグローバリストがいます。

2023年10月にパレスチナ自治区のイスラム組織ハマスが、イスラエルに対して攻撃を仕掛けました。これによりイスラエルでは、1000人を超える犠牲者が出ました。その報復として、イスラエルはハマスを殲滅《せんめつ》しようとハマスの拠点であるガザ地区を攻撃します。

この攻撃によりガザ地区では、一般人を含む2万人以上の犠牲者が出ています。そのうち子どもの犠牲者は、少なくとも5000人以上といわれています。

最初は奇襲で多大な被害者を出したイスラエルに理解を示す人も多かったですが、それをはるかに上回るイスラエルの過剰な報復ぶりを非難する声が高まっています。そうした中、アメリカ国内でイスラエルに抗議するデモが起きたのです。

デモは最初、キリスト教のアメリカのグループから始まりましたが、いまではアラブ系も増え、とくに多いのが極左です。ここにジョージ・ソロスのグループやビル・ゲイツが資金を提供しているグループも加わっているのです。

さらには一時期大きく注目を集めた、アンティファ（反ファシズム）やBLM（ブラック・ライブズ・マター）もいます。

アンティファやBLMは、2020年の大統領選挙の際、アメリカのあちこちでデモをやり、街を燃やした人たちです。このとき商店が200軒ぐらい燃やされました。そうしたグループが、いま反イスラエルデモをやっているのです。

2024年5月6日には、彼らがニューヨークのメトロポリタン美術館に侵入しようとする事件がありました。この日のメトロポリタン美術館は、世界のセレブたちが参加するファッション界の祭典「メットガラ」を開催していました。

私もニューヨークにいた頃、メトロポリタン美術館の近くに住んでいました。かなり広い美術館で、全部をきちんと見るのには、3日ぐらいかかります。ここにデモ隊が近づこうとして、1000人ぐらい逮捕されたのです。

この日は警察が道路を封鎖して、デモ隊が入れないようにしていました。そのため近くのセントラルパークを通って侵入しようとした人たちもいましたが、彼らも阻止されました。彼らの行動は、だんだん過激になっています。混乱がどんどん進み、内戦状態に近づいています。

モーガン　これが日本と関係あるのは、彼らのようなグローバリストが日本国内にもいる、いわゆる草の根テロリストにお金を渡していることです。もちろんそこには日本を分断させ、国力を弱める狙いがあります。

2020年より過激になった2024年の抗議デモ

マックス　今回のイスラエルへの抗議デモを最初に行ったのは、コロンビア大学の学生でした。彼らは普通の学生です。ところがプロの左翼運動家がそこに入り込み、プロのやり方を教え、暴動にまで発展させているのです。

モーガン　彼らには、ジョージ・ソロス氏やビル・ゲイツ氏のお金が渡っています。ソロス氏やゲイツ氏の寄付などで、バイデン政権の政策が左右されています。グローバリストにとってプロの左翼運動家もバイデン政権も、利用価値のある存在です。

ただしプロの左翼運動家たちは、バイデン政権を潰そうとしています。だからここまでの暴挙を行うのです。グローバリストたちも彼らの意図をわかったうえで、彼らを支援しているのかもしれません。

今回の抗議デモを見ていると、２０２０年のＢＬＭによるデモとの違いを感じます。２０２０年のデモは、規模こそ全国まで広がりましたが、普通の左翼のやり方です。大金持ちのグローバリストからお金をもらって暴動を起こすのは、彼らの常套手段です。ところが今回の抗議デモは、ただの暴動ではありません。

彼らがイスラエルを批判するのは、私から見ても仕方ない部分があります。私はどちらかというと、イスラエルを支持したいと思っています。でも今回のガザ地区への攻撃は、あまりにやりすぎです。批判する人たちの気持ちもわかります。

とはいえコロンビア大学のデモで、学生たちは「ユダヤ人はみんな殺せ！」「ユダヤ人はこの世から消えろ！」などと叫んでいました。ユダヤ人という、一つの民族を殺せという。これでは1930年代のドイツと変わりません。

このようなあからさまなユダヤ人へイトが、アメリカ国内で起きている。こんな光景を私はこれまで見たことがありません。

それも「多様性」や「博愛」を唱えている左翼の口から「ユダヤ人はみんな殺せ！」といった、聞くに堪えない言葉が出る。こんな悪質な言葉を使うのは、本気でアメリカを潰そうとしているアメリカ国内の勢力がいるからではないか。

いままでのような、ただの混乱を狙ったものではなく、人と人が憎しみ合う状態を醸成し、本気で内戦を勃発させようとしている。それぐらい今回のデモには異質なものを感じます。

マックス　私も今回のデモをしている人たちに危険なものを感じます。彼らは本気でアメリカを潰したいのではないか。

モーガン　これまでユダヤ人に対する批判は、アメリカでほとんど行われてきませんでした。なぜならユダヤ人は、ホロコーストで大量虐殺された、不幸な歴史を持つ民族だからです。ハマスへの攻撃をやめないイスラエル政府を批判するのはともかく、ユダヤ人批判はやめていただきたい。それも「みんな殺せ！」などという言葉は、社会をおかしなものにしていきます。

映画「シビル・ウォー」は右翼でなく、左翼のファンタジー

モーガン　本来アメリカは、誰もが幸せになれる国を目指していたはずです。特定の人種を責めたり「この人種を皆殺しにしろ！」などと言うのは、絶対に禁句です。それを言ってしまえば、アメリカという国が崩れてしまいます。「黒人」「ヒスパニック」「ユダヤ人」などと、バラバラのパーツに戻ってしまいます。

人種同士でせめぎ合うようになれば、アメリカは急速に崩れていく。そこが危険なのです。

マックス　いまのアメリカは、間違いなくそちらの方向に向かっています。いつもチェックするニュースサイトを見ると、2029年までにアメリカで内戦が起こると心配している人がかなりいます。でも私に言わせると、2029年などというものではありません。2024年に起きてもおかしくない。

モーガン　２０２４年にアメリカで「シビル・ウォー」という映画が公開されました。シビルウォーは「内戦」の意味ですから、これに反応して「アメリカのトランプ支持者が内戦を望んでいる！」といった声があります。でも、そうではありません。あの映画は左翼のファンタジーです。内戦をしたいのは、トランプ氏を支持する右翼ではない。むしろ左翼です。

以前から左翼は内戦をしたいと考えています。彼らが望むのは、アメリカの分断です。内戦によって、アメリカを分断したい。

マックス　確かに暴力を好むのは左翼です。バイデン政権の官僚たちも、もしトランプ氏が再び大統領になれば、自分たちの命が危ないと思っています。彼らがそのように思うのは、自分たちが同じことを考えているからです。

バイデン政権の官僚たちの多くもグローバリストとの関係が深い。彼らの本性が透けて見えた感じです。

平気で大統領に叛逆する人たち

モーガン　官僚といえば、ジャーナリストの櫻井よしこ氏が2024年3月7日の『週刊新潮』のコラムで、米軍の前統合参謀本部議長マーク・ミリー氏に向けて行われたインタビュー記事を紹介していました。ここでミリー氏は、とんでもない発言をしています。

ミリー氏はトランプ、バイデン両氏に仕えた人です。そのミリー氏が、トランプ政権時代に大統領首席補佐官だったジョン・ケリー氏と最初の国防長官だったジェームス・マティス氏との間で結ばれた密約を語ったのです。

それは「大統領を監督できない状況をつくらないために、どんなときも2人同時に国を離れることのないようにする」というものです。トランプ氏が「突然、軍を好きに動かせないように」するためです。

これは私に言わせれば、大統領に対する叛逆行為です。大統領が「軍を動かせ」と命令しているのに、それを止めようとする。この密談を暴露したミリー氏もナンシー・ペロシ下院議長に対して、「核を含む軍事力について、クレイジーなことはしない」といった約束をしていたそうです。ペロシ氏は民主党議員ですから、やはりグローバリストとの関係が深い。

統合参謀本部議長は、要は将軍です。将軍の立場にある人が、「大統領はクレイジーだから、命令を聞かなくていい」などと言っている。

これは自分と考えの違う大統領なら、その命令を無視していいと言っているのと同じです。いわば選挙で選ばれた大統領ではなく、グローバリストと関係の深い官僚たちがアメリカを支配しようとしているのです。本当にそのようなことになれば、これはクーデターと同じです。

これでわかるように、危ないのはトランプ氏よりもワシントンのエスタブリッシュです。彼らはグローバリストとも近く、両者が結託して、アメリカと日本、さらには世界全体を支配しようとしているのです。

マックス　確かに軍隊は、大統領に従うべきです。ただバイデン氏については、本当の大統領ではありません。2020年の大統領選挙は、明らかに不正が働いています。私を含め、そう考えているアメリカ人はたくさんいます。

そうした中、2024年の選挙は本当に行われるのか。2024年に行うのは難しいのではないか。そういう状況にまで来ているのです。

クーデターも厭わなかったトランプ政権下のグローバリストたち

モーガン　大統領選に向けて心配されることの一つが、トランプ氏の裁判でした。本章の冒頭でトランプ氏の裁判の話が出ましたが、トランプ氏が抱えている裁判は、ほかにもあります。その中にはトランプ氏が有罪判決を受けて、刑務所に収監される可能性があるものもありました。

私はルイジアナ州の生まれですが、ここはマフィアで有名なシカゴよりも汚い、アメリカで一番政治的に汚い地域です。そのルイジアナの政治家の考え方がどのようなものかをご紹介しましょう。

自分にとって厄介な人物がいる。排除したいと思ったとき、裁判を仕掛けるのです。本当に罪を犯しているかどうかは関係ない。とにかく実刑判決を出して、刑務所に入れてしまうのです。刑務所に入れれば、どんなことでもできます。

マックス　殺される。

モーガン　「気の毒にも彼は自殺してしまいました」などと言えばいい。「選挙を前にトランプ氏は絶望して自殺した。残念です」といった具合です。

7月13日、ペンシルベニア州のある田舎で、警備の薄い状態を作り出して、もし誰かがトランプを暗殺してみたいと思ったらどうぞ、との状況を作ったわけです。そういうことですよ。

この手法を使えば、トランプ氏は当然、出馬できません。必然的にハリス氏が大統領になります。ルイジアナ的発想では、そんなでっちあげ工作も厭わないのです。

マックス　トランプ氏の抱える裁判には、ニューヨーク州で行われている不倫口止め料裁判もあります。不倫相手とされる元ポルノ女優のストーミー・ダニエルズ氏も、そういえばルイジアナ出身でしたね。

モーガン　そうです。

マックス　この裁判ではトランプ氏が、彼女に口止め料を支払ったことが問題視されています。口止め料を払うこと自体は、犯罪ではありません。ただ彼女への口止め料を「弁護士費用」と偽り、帳簿や小切手に記録した。それが犯罪というわけですが、私がこの裁判に注目するのは別のところです。

裁判所はトランプ氏に対し、公平性を保つため、この裁判について公の場で語ることを禁じています。それを9回無視したとして、2024年4月に9000ドル、当時の日本円で約140万円の罰金の支払いを命じました。さらに今後も発言を続ければ、次は刑務所行きだと言っていました。

モーガン　それが狙いでしたね。

マックス　ただ、何とか収監はなされなかった。本当に良かったです。

一方でトランプ氏の裁判をめぐって、すでに社会問題化しているものもあります。先ほどトランプ氏が資産価値の過大申請により不正な利益を得たとして、ニューヨーク地裁が罰金の支払いを命じたという話をしました。

これを「不当な判決だ」と怒ったアメリカのトラック運転手が、ニューヨークへの配達を拒否していたのです。野菜も肉もガソリンも運ばない。だからすべての物価がニューヨークで高騰しました。

アメリカのトラック運転手の約6割が白人で、その多くがトランプ支持者といわれます。彼らがニューヨークに物を運ばないという、ボイコットを始めたのです。

モーガン　トランプ氏がニューヨーク州で不当な目にあっているから、「俺たちもニューヨーク州にやり返す！」というわけです。

マックス　そのことから私は講演会で、「アメリカは急に消えるかもしれない」と言っています。この件や先ほどの反イスラエル抗議デモなどをはじめ、国内問題が多発し、これが外交も含め、さまざまな点で急速にアメリカのパワーを落としているからです。

BLM運動の参加者の大半は白人

モーガン　いま白人のトラック運転手の多くがトランプ支持者という話が出ましたが、黒人の多くもトランプ氏を支持しています。黒人もこれまで不正裁判にかけられ、トランプ氏と似たような経験をさんざんしてきたからです。

さまざまな場面で「お前が悪い」と言われ、不当な扱いを受けてきた。トランプ氏に対し、「俺たちと同じ」と思っている黒人が多いのです。ワシントンが黒人に不当なことをしているので、そのワシントンと戦う姿が「俺たちのために戦っている」となるわけです。

マックス　２０２０年5月にミネソタ州のミネアポリスで、ジョージ・フロイドという黒人男性が死亡する事件がありました。20ドルの偽札使用の容疑で、警察官に逮捕されたときのことです。

当時の彼は、3種類の薬物を服用していて、興奮していました。かなりヤバい状態だったともいわれています。そして警察官がクルマに乗せようとしたら、パニック状態になって暴れだした。

そこで警察官はマニュアルに従い、彼の体を拘束するため手錠をかけて、うつぶせにした状態で、彼の首を膝で押さえつけました。約9分間押さえつづけたところ、彼は意識を失いました。すぐに救急車で運ばれましたが、すでに亡くなっていました。

このときの様子を周囲にいた人が撮影し、ネット上にアップした。それで彼に対する警察官の行為が広く知られるようになったのです。

膝で首を押さえるのは、暴れる相手を拘束するうえで極めて有効なやり方です。私もやったことがあります。私は高円寺のライブハウスで、用心棒のアルバイトをしていたことがあります。ふだんは1時間500円でお酒が飲み放題で、店内でケンカが始まると二人の間に割って入るのです。抵抗する相手には、まず首を摑んで、おとなしくなるまで待ちました。それから先ほどの警察官のように膝で首を押さえるのです。

店長から「やめろ」と言われるまでやめない。これで日本人でも外国人でも、おとなしくなります。

モーガン　この事件に抗議するデモが起こり、大きな話題になりましたね。

マックス　ただし抗議デモに参加したのは、じつは黒人ではなかった。ほとんどが白人でした。多くの黒人は警察官を頼りにしています。BLM運動などにより、黒人街で犯罪が非常に増えているからです。

ＢＬＭ運動の参加者も大半が白人です。黒人は少なく、しかも白人ほど声が大きい。なかには急進的な左翼の黒人もいますが、多くは家族がいて、普通の生活を営んでいます。だからＢＬＭのような活動を黒人街で行う人たちを、警察に取り締まってほしいと思っています。

でも左翼は警察こそが敵で、もっと減らしたいと思っています。自分たちが犯罪被害者になるまで、警察の重要性がわからない。だから抗議デモを行い、警察官の力を削ごうとするのです。

グローバリストからアメリカを守る「民兵」とは

マックス　グローバリストの暗躍により、アメリカの国力はどんどん落ちています。この動きは日本の左翼を通じて、日本にも波及する可能性が高いです。すでに彼らのお金は日本の左翼や平和活動家など、あちこちの組織に入っています。

一方アメリカでは、こうした動きに対抗する勢力も出てきています。それは民兵です。アメリカの民兵の話は、「日本を混乱させ、日本を弱体化させせよ」とするグローバリストたちの陰謀に対抗するヒントになるのではないでしょうか。

民兵というと一般に国軍の予備兵のことを言いますが、アメリカの民兵は違います。国軍が政府の支配を受けるのに対し、アメリカの民兵は政府の支配を受けません。いわば私的なボランティア部隊です。

大半は地方の小さな町にいて、政治的には右派です。彼らのほとんどは、ワシントンやそれと関係の深いグローバリストを敵だと思っています。こうした民兵が治安の悪化により、アメリカで増えているのです。

民兵の数は、私の予想ではおそらく30万人ぐらいです。これが３００ぐらいのグループをつくっています。数が少ないグループもあれば、２０２０年の大統領選でバイデン氏の当選を阻止しようとしたオース・キーパーズのように3万人ぐらいいるグループもあります。

オース・キーパーズは日本語に訳すと「誓いの守護者」です。アメリカの憲法で約束された自由を守る、という意味から来た名前です。

オース・キーパーズのリーダーのスチュワート・ローズ氏は、２０２1年1月6日の国会議事堂襲撃事件に関与した罪で逮捕されています。彼は1月6日に国会議事堂から電話やメールでメンバーを議事堂周辺に集めました。ただし、この日は銃は持ってこず、数日後の会合で「銃を持ってくればよかった」と発言した。この発言が当局に知られ、煽動共謀罪で逮捕されて禁固18年の有罪判決を受けたのです。

煽動共謀罪で有罪判決が出たのは、この法律が１９９5年にできて以来、初めてのことです。これはグローバリストが民兵を恐れたため、このような仕打ちに出たのではないでしょうか。

民主党の人たちは、この1月6日を「革命」と呼んでいます。彼らが議事堂に侵入できたのは、じつは警察が扉を開けてくれたからです。

モーガン　あの襲撃事件には、ＦＢＩ（連邦捜査局）も絡んでいます。

マックス　ＦＢＩが彼らを刺激し、国会議事堂を襲撃させたのです。

モーガン　間違いありません。ジム・ジョーダンという政治家がＦＢＩの内部資料を入手し、「ＦＢＩの仕業である」と暴露しています。

国会議事堂襲撃事件では、民兵も大勢逮捕されています。これこそが狙いで、民兵をおとなしくさせるには、各州の民兵の中心的な人物を逮捕すればいい。そこで民兵を刺激し、国会議事堂に向かわせたのです。これで民兵は、もう抵抗できないだろうというわけです。

民兵こそアメリカのＤＮＡ

モーガン　私は民兵こそが、本当のアメリカの精神を受け継いでいると思っています。自分で自分の家族や町を守るというのが、民兵の基本精神ですから。

マックス　そう。そのための組織です。

モーガン　民兵はけっして暴力を望んでいません。暴力を防ぐために組織しているものです。まさにアメリカのＤＮＡであり、一番いいところだと思います。

民兵には、黒人も大勢います。白人や白人至上主義を唱えるＫＫＫなどが襲ってくるから、自分の手で自分を守るために民兵を組織したのです。そのため銃の規制をアメリカで最も反対しているのも黒人です。

その意味でアメリカのＤＮＡは、白人も黒人も関係ありません。自分の手で自分の家族を守る。これがアメリカの基本的な考えです。私は日本人にも、そうした考え方を持っていただきたいと強く思います。

マックス　スイスのように各自が銃と銃弾を持ち、戦争になったらそれを持って所属部隊に合流する。銃の扱い方も訓練して、たとえば中国が侵略してくれば、みんなで浜辺に行って中国人を殺す。これが一番いいと思います。すでに台湾は、そうなっています。

モーガン　台湾には１５０万人の予備兵がいます。だから中国は上陸できないと思います。

マックス　絶対に無理です。

モーガン　海軍で封鎖まではできても、上陸はできない。すれば撃たれてしまいます。

モーガン　上陸しようとすれば、海が中国人の血で赤く染まる。間違いありません。

マックス　アメリカでも民兵は増えています。先ほど民兵は30万人ぐらいと言いましたが、2020年には10万人ぐらいでした。バイデン政権になって、治安が悪化したため増えたのです。

すでに述べたように2020年の大統領選挙で、アンティファやBLMによる暴動が多発しました。あれをきっかけに各町で民兵が増えたのです。バーの店長が、軍服を着た5人にお金を払っているところを写した写真を見たことがあります。彼らが民兵です。お金をもらって、バーを守るのです。

こういう人たちがいると、アンティファやBLMも町に入れません。入ろうとすると、民兵が銃を撃ってくるので逃げざるを得ない。

モーガン　そうやって自衛するしかありません。暴力が目的の奴らを相手に、交渉や話し合いで解決するのは無理です。

マックス　相手を殺す覚悟が必要です。「出て行け！」「殺すぞ！」と。アメリカ国内に民兵がこれだけ増えたら、もはや勝負になりません。左翼は絶対に負けます。民兵には元軍人がたくさんいます。イラク戦争やアフガニスタン戦争などの経験者も多いです。

私が民兵の姿を見て感嘆したのは、2017年にバージニア州のシャーロッツヴィルで抗議デモをするオース・キーパーズを動画で見たときです。南北戦争の南軍司令官だったロバート・リー将軍の銅像を撤去する際のことです。

奴隷制維持を掲げたリー将軍の銅像をめぐっては、撤去を求める人と撤去に反対する人で激しい衝突が起きていました。最終的に撤去が決まり、撤去に対する抗議デモのために集まったのですが、彼らはみな規律正しく行動していました。ちゃんと規律を教えられている。彼らの行動を見て、民兵こそ本当の部隊だと思いました。

何かあれば民兵として一緒に戦いたい

モーガン　私の父は民兵ではありませんが、ルイジアナ州の元州兵でした。だから家の中には銃がたくさんありました。

マックス　州兵は州内の治安維持を守ると同時に、軍の予備兵としての役割もあります。二級の予備兵みたいな存在です。

モーガン　だからニューオーリンズやルイジアナで暴動があったときも、父は召集されていました。このとき銃も持っていきましたが、暴動を取り締まるのが目的なので弾は入っていなかったそうです。

私も何かあれば民兵として加わり、一緒に戦いたいと思っています。規律はとくに学んでいませんが、銃の撃ち方はわかります。南部の人の多くは、軍の経験がなくても銃の使い方がわかっています。

以前、父が木の上のヘビを銃で撃ち落とすのを見たことがあります。父が「バンッ！」と撃つと、木からヘビが落ちてきました。見ると、ヘビの頭の真ん中が空いていました。

マックス それはすごい。

モーガン このような人は南部には珍しくありません。

マックス 私も海兵隊でひととおり銃の扱い方は学びましたが、下手でした（笑）。

モーガン それでも銃の扱いがわかるだけで違います。いずれにせよ暴動であれ、内戦であれ、何が起きても南部はまったく問題ないと思います。

マックス 南部はアメリカの中でも、伝統的に一番強い地帯ですから。内戦が起きても結束できます。

モーガン ただしシカゴのような大都市は、内戦が起これば、たぶん真っ二つに分かれます。同じイリノイ州でも、シカゴだけは他の都市と違う動きをするはずです。

マックス　ニューヨーク州もそうです。田舎と大都市では全然違います。だから大都市はこれからダメになっていきます。結束力がないから犯罪が多く、人がどんどん撤退している。治安が失われているのです。

ニューヨークに限らず、アメリカの大都市は略奪が多すぎて、配達もままならない状態です。撤退する食品店が増えれば、人びとは暮らしていけません。

とくにシカゴでは、街中で生活できないから郊外に人が移っていますが、その郊外でも略奪が始まっています。そこでシカゴ市長が何を考えたかというと、警察を増やすのではなく、スーパーを市営化するというものです。これは彼が左翼だからですが、そんなことをしても略奪はなくなりません。

モーガン　むしろもっと増えます。

マックス　シカゴ市は一歩一歩、共産主義に近づいています。略奪がやり放題ならば、全部無料で配っているのと同じです。グローバリストの意のままになっているともいえます。

モーガン　アメリカの国力はどんどん落ちます。

マックス　だからこれからアメリカは戦争ができなくなる。ＮＡＴＯからも撤退するのではないでしょうか。そんなアメリカが、中国から日本を守れるはずがない。国内問題によって、アジアには手を出せなくなっているのです。このことは2024年中にも明らかになります。

モーガン　ただし最後にアメリカは、もう一度戦争を起こすと私は思っています。とくにイランと戦争をしたがっていますから。そこは注意して見ておく必要があります。いずれにせよ日本には、アメリカのようにグローバリストによって、おかしな国になってほしくない。

グローバリストの言う、一見もっともらしい言葉に耳をかさない。自分の家族や町を自分で守る覚悟を持つ。この2点は覚えておいてほしいと思います。

第3章

日本に入り込む
フェミニスト、
LGBT活動家の実態

民主党事務所で見たアメリカ帰りのフェミニスト

マックス　第2章でアメリカのグローバリストによって、アメリカの国力が落ちているという話をしました。もう一つ、アメリカの国力を落とす大きな要因となっているのがフェミニストや、そこから派生したLGBT活動家たちです。

ポリティカル・コレクトネス（政治的正しさ）のもと、彼らはアメリカでどんどん勢力を延ばしています。そして彼らがアメリカ社会に大きな混乱をもたらし、それればかりか国力を維持するうえで最も重要な、アメリカ軍の力をとてつもなく落としているのです。これらのことについては、のちほど詳しく説明します。

そして何より、日本も人ごとではないことは、皆さんもご承知の通りです。

2023年6月に日本で、LGBT理解増進法が施行されました。LGBTは女性の同性愛者、男性の同性愛者、両性愛者、生まれたときの性と自分の思う性が違う人など、性的少数者のことです。彼らへの理解を深める目的でつくられたものですが、はっきり言って日本にこのような法律は不要です。

実際、この法案の成立をめぐって、日本の保守層は激しく反発しました。それが押し切られた格好でしたが、これは日本でＬＧＢＴ活動家が着実に力をつけているからです。

そこで本章では、アメリカにおけるフェミニストやＬＧＢＴ活動家によりアメリカ社会が混乱している様子、さらに日本でも危険な兆候が起きている様子などについて議論したいと思います。

モーガン　この問題に関しては、私も我那覇真子さんとの共著で『ＬＧＢＴの語られざるリアル』（ビジネス社）という本を出しているので、その重要性は強く認識しています。マックスさんと深く議論できることが楽しみです。

マックス　まず最初に述べたいのが、過剰なＬＧＢＴ教育による若者の学力低下です。第１章で述べたように、いまのアメリカは技術者を外国人に頼っています。これは優秀な人が金融系などに行くこともありますが、それ以前に、技術者になれる能力のあるアメリカ人がいなくなっているのです。

理由は学校における科学や数学の授業が激減しているからです。いま使われている数字はアラビア数字で、アラブ人が考えたものです。そんな基本的なことも、いまのアメリカでは教えていません。

かつて私の通っていた高校は4年制で、4年のうち微分・積分に各1年、代数に1年、幾何に1年などと、それぞれの科目を1年ずつ学びました。それがいまは4科目を2年間で教えるようになっています。つまり教える時間が半分に減っているのです。

代わりに増えているのが、LGBT教育です。加えて、歴史の時間です。とくに黒人中心の歴史を学ぶ時間が増えています。もちろんそうした歴史を学ぶことは大切ですが、そこに力を置きすぎた結果、科学や数学といった国力を支えるうえで大事なものが省かれているのです。

モーガン　科学や数学の勉強を減らそうとするところには、フェミニストの意図もあります。フェミニストが目指すのは男女平等や人権擁護と言われますが、実態はとにかく男性を社会から排除しようというものです。

現実問題として、技術者のような仕事をしているのは多くが男性です。男性的なものを否定すれば、働く人がいなくなるのは当然です。その意味で、アメリカから技術者をなくしたのはフェミニストなのです。

マックス　フェミニズムの波は、これまで何度もありました。とくに1980年代には、アメリカのフェミニズムを日本にも持ち込もうとする動きがありました。

英語教師を中心に日本に浸透させようとしましたが、当時の日本の女性は相手にしませんでした。たまにアメリカに行ったアメリカ好きの日本人女性が、フェミニズムにはまることもありましたが、ごく少数でした。

それが２０１１年の東日本大震災の直後に、おかしな話を聞くようになります。私は一時期、日本の民主党の党員でした。日本の民主党が外国人を積極的に移民させようとした頃で、国会議事堂内にある事務所にも行きました。そこでニューヨークから帰国した日本人女性２人が「日本の社会問題を解決するために今後5年間、男性の政治家を禁止しましょう」という、とんでもないことを言っているのを聞いたのです。

女性だけで政治を行うことで、女性の政治家がたくさん育ち、そうすれば日本が抱える問題は解決する。これが彼女たちの主張です。まさにアメリカのフェミニストがよく言う議論です。日本にもフェミニズムの流れが入りだしているのを感じました。

モーガン　確かに、そのような話は最近よく聞きます。日本は女性政治家が少ないから、女性の数を増やすために、政治家の男女比率を決めようという話もありますね。

女性を半分入れて訓練した海兵隊の実験結果

マックス　アメリカにおけるフェミニストの力は、とくにバラク・オバマ大統領の時代から強くなりました。その影響が顕著に現れているのが軍隊です。ポリティカル・コレクトネス（ＰＣ）が軍隊にも求められ、女性が歩兵として前線に行けるようになりました。これによりアメリカ軍は、いっきに弱体化しました。

このことは海兵隊が行った実験からも明らかです。海兵隊の訓練で、ある場所から山を越えて町を攻撃するというものがあります。これを行うにあたり二つの小隊をつくり、一つは男性のみ、もう一つは男性と女性が半分ずつの部隊にしたのです。

結果として、女性が半分いる部隊は、まったく使い物になりませんでした。残念ながら体力が劣るので、男性のように機関銃や小さな大砲などを持って山越えしたり、素早く移動することができないのです。しかも女性のほうが、ケガをするケースも多かった。

私が海兵隊に入隊したとき、最初の3カ月は基礎訓練でした。このうち2週間は歩兵としての訓練でしたが、本当に大変でした。訓練地はカリフォルニアのペンデルトンにある訓練用の基地で、周囲は広大な砂漠です。食事をとっているとき、周りの誰かが歩くと、それに煽られた砂が食べ物に入ってくるなど、とんでもない環境でした。

訓練には山登りもありました。急峻《きゅうしゅん》な岩場において前の人が大変そうなら、後ろの人がお尻を押して助けてあげます。男性同士なら何の問題もありませんが、相手が女性だと、そうはいきません。とはいえ後ろから押さないと、うまく登れない。そこで現在は男性が女性を下から押すとき、「腰から下は触ってもいいけれど、腰から上は触ってはいけない」というルールを決めたそうです。

モーガン　そんなことをいちいち考えていたら、戦争なんてできません。

マックス　ほかにも女性がいることの弊害は、たくさんあります。戦車には、1台に4人の乗組員が搭乗します。よくあるトラブルに、キャタピラが割れるというものがあります。こうなると4人がかりで手作業で直すしかありません。修理は重労働で、キャタピラが重いうえ、うっかりして指を挟んだりもします。

ここに女性が1人でもいると、作業はなかなか進みません。体力がないうえ、「汚い」などと言って、ほとんど作業に関わらない人もいます。もし女性が2人いたら、戦車はもう直せません。ところがそれを上官に報告すると、「あなたたちは女性差別をしている！」

などと怒られるのです。

モーガン　バカバカしい話です。

女性を採用するため合格水準を落とした海兵隊

マックス　戦闘機にある非常脱出用の射出座席は、圧がかかりすぎて女性には適さないそうです。女性のほうが骨が軽いからです。アメリカ軍が女性を採用しはじめた頃には、脱出訓練で死亡した女性パイロットもいました。

そのため現在は射出座席のロケットを弱くしています。これは緊急時の脱出能力が落ちていることでもあります。戦闘機に男性用、女性用といった区別はありません。性別に関係なく同じ戦闘機に乗ります。女性の体に合わせた結果、男性パイロットの命も危険にさらされることになっているのです。

フェミニストは女性と男性に違いはなく、男性ができることなら女性もすべてできると言いますが、できないこともあるのです。

モーガン　当然の話です。

マックス　また私は海兵隊に事務員として入ったので、歩兵としての基礎訓練は2週間で終わりました。一方、歩兵として入った人は、専門の学校でさらに半年の訓練を受けます。私が入隊した1974年には、訓練のときに25パーセントの男性が脱落しました。そして歩兵以外の部署に回されるのです。

男性でも4分の1が落とされる厳しい訓練なのに、女性を採用するようになって、彼女たちが落ちたという話は聞いたことがありません。合格の基準を緩くしたからです。これは、かつての水準を満たしていない歩兵が増えていることを意味します。

同じことはアメリカだけでなく、NATO諸国全体で起きています。ウクライナ戦争でNATO諸国から兵を派遣するといった話もありますが、女性を前線に出すようにしたことで、兵力として非常に弱くなっています。そんな軍を派遣するのはロシア軍を喜ばせるだけで、ウクライナを守ることにはつながりません。

モーガン　日本の自衛隊にも、女性の歩兵がいますね。

マックス　そこからセクハラの問題も出ています。2023年には元自衛官の女性が同僚の男性自衛官たちから性的被害を受けたと訴えた裁判で、男性らが有罪判決を受けています。

一方、女性がいることで人事や作戦に忖度《そんたく》が働くこともあります。兵士といっても人間です。女性兵士が軍曹にかわいい顔をすれば、軍曹は彼女にきつい仕事を回さないといったこともあります。すると別の男性が、きつい仕事や危険な仕事をやることになる。これでは部隊がうまく機能しません。

モーガン　まったくそのとおりです。

残酷な場に女性を立たせる問題

マックス　海軍では、さらに別の問題があります。女性の水兵が軍艦に乗ると、3カ月以内で16パーセントが妊娠するという報告があります。とくに海軍の空母は甲板が大きく、甲板の下には飛行機を格納するハンガーがあります。ここでセックスする男女がいるのです。夜になると士官たちが懐中電灯を持って巡回し、誰かがセックスしていないか確認するそうです。

さらに言えば、妊娠した女性兵士は軍艦から降ろし、陸上の軍事施設に異動させます。このルールにより、空母が作戦を中止するといったことも起きています。女性をヘリに乗せるため、作戦から離れた海域まで移動しなければならなくなったのです。私が海兵隊にいた時代なら女性は軍艦に乗らないので、こんなことはあり得ません。

そうした中、アメリカ軍では白人がどんどん除隊するといった事態も起きています。ポリコレで女性やマイノリティばかり昇進するから、やる気をなくしてしまうのです。軍ではこれを歓迎するムードもあります。白人の士官が多すぎるから、これ以上増えずにすむというわけです。

モーガン　女性が戦場に行くことについては、もう一つ問題があります。最前線で戦えば、捕虜として捕まることもあります。普通に考えれば、捕虜が女性なら敵の男性が強姦することだってあります。そんな場所に、本当に女性を送り込んでいいのか。そうでなくても戦場のような残酷な場に、女性を立たせていいのか。

誰しも自分の娘を絶対そんな目にあわせたくないでしょう。自分の娘を守りたいと思う親心は当然のことです。でもいまのアメリカでは、男女平等のイデオロギーが進みすぎて、自分の娘を守ろうとすることが差別と言われてしまう。だから何も言うことができず、男性が父親として弱くなっているのです。

マックス　それがアメリカの女性の考えというなら、それも仕方ない話です。でもそんなアメリカの政策が、日本にも影響を与えるから問題なのです。

モーガン 男女平等は、理念としてはいいのです。でも肉体的に、男性と女性は違います。男性のほうが力があるから、男性は女性を守る義務がある。

マックス 当たり前のことです。

モーガン でも、それができない。いまの日本でそんなことを言えば、「女性を差別している」と言われてしまいます。

LGBTで問題なのはトランスジェンダー

マックス フェミニストたちによって、アメリカ軍は軍としての能力が著しく落ちてしまった。そのフェミニストたちが、新たに掲げているのがLGBTの権利を守る運動です。

LGBTは、もともとアメリカの左翼が革命のために持ちだした概念です。1920年代にドイツのマルクス主義者の哲学者たちがフランクフルト学派を創設し、ポリティカル・コレクトネスという考え方を生み出しました。これをアメリカの左翼が「性的少数者を守ろう」という運動に発展させたのです。

モーガン　左翼がＬＧＢＴを利用したのです。

マックス　男性の同性愛者であるゲイも、ＬＧＢＴの一つですが、ゲイやレズビアンは、それほどたいした問題ではありません。同性同士のセックスは、ある意味、自然な行為です。どんな国でも、同性愛者は一定の確率で存在します。バイセクシャルも同じです。それが大人同士で、傷になることや危険なことをしないなら、好きに楽しめばいい。

しかも日本でいえば、日本はゲイに寛容な国です。アメリカのフェミニストやＬＧＢＴ活動家は「日本のＬＧＢＴは自由ではない」と言いますが、実際はアメリカと日本では表現の仕方が違うだけです。

アメリカのゲイは、いかにもゲイといった格好をして、自分がゲイであることを主張したがります。これに対して日本のゲイは、もっとおとなしい。ゲイであることはプライベートの問題だからと、人前でアピールしたりしません。

私はそれでいいのだと思います。実際、ゲイが多いことで知られる新宿2丁目で、私の知人が彼らから話を聞いたことがあります。彼らは社会的、政治的に注目されることを嫌がっていたそうです。

モーガン　そう。日本のゲイのほとんどは注目されたくないと思っています。

マックス　ところがアメリカのフェミニストたちは「アメリカと同じようにしなければダメだ！」とアメリカの流儀を持ち込もうとする。日本人は騙されてはいけません。

そもそも日本人は、ゲイを迫害したりしません。私は山梨県甲府市で14年間働いていましたが、ここに戦国武将の武田信玄の大きな銅像があります。彼がゲイだったことは、地元の人はみんな知っています。それでも彼を地元の英雄として尊敬しています。

アメリカは、まったく違います。たとえばエイブラハム・リンカーン大統領は、ゲイだったという噂があります。でもその話はタブー扱いです。そんな話をしようとすると、フェミニストたちから糾弾されてしまいます。

『葉隠』には恋人にする先輩の選び方が書かれている

マックス　そもそもアメリカでは、少し前までゲイは犯罪でした。ゲイに対する法律は、州によって違いました。日本人には信じられないかもしれませんが、イギリス植民地だった東海岸の州では、男同士でセックスした罪で刑務所に入れられた人もいます。

当時の警察は、よくゲイバーに入ってお客を全員逮捕していました。逮捕した人は新聞に名前が公表され、それで仕事をクビになる人もたくさんいました。そこから起きたのが1968年の「ストーンウォールの反乱」です。ニューヨークのゲイたちが起こしたものので、ゲイたちが初めて反旗を翻した事件です。

モーガン　2002年にようやく、36の州でゲイを犯罪とする法律が撤廃されました。そして2003年に、最高裁判所の判決を受けて、すべての州で撤廃されることになったのです。

マックス　ビル・クリントン大統領が1993年に容認するまで、ゲイは軍隊にも入れませんでした。入隊する人はゲイであることを隠し、通報されれば除隊させられました。

こうした風潮は、いまだアメリカ社会に残っています。じつは先日、地下鉄丸ノ内線に乗っていたらスケスケの女性の服を着た、筋肉モリモリの男性を見ました。こういうとき日本人は、みな何となく見ないようにします。でもアメリカでそうした格好をするのは、いまも場所によってはかなり危険です。

日本人はアメリカを自由の国と思っていますが、全然違います。そういう歴史があるから、いまでも「ゲイ」と言われるのを嫌う人もいます。逆に言えばアメリカ人はゲイを迫害していたから、いまになってゲイの権利を認めようとしているのです。

日本の場合、ゲイを迫害しないし、もっとオープンです。でもアメリカ人はそれが想像できないから、自分たちと同じことを日本に押しつけようとしているのです。

でも実際は、アメリカのほうがカオスになっています。日本はむしろアメリカに教えるべきでしょう。

モーガン 日本人がアメリカに「こうすればどうですか?」と提案する。かつて欧米の宣教師が日本にやったことの逆です。いわば文化的宣教師です。

マックス 日本がアメリカに教えるとしたら、一つは江戸時代に存在した陰間茶屋《かげま》です。陰間とは、男の相手をする男娼のことです。ゲイのための売春所が、江戸のあちこちにあったのです。

あとは、『葉隠』です。『葉隠』は江戸時代の武士・山本常朝による、武士としての心得を記した本です。全部を読んだわけではありませんが、恋人にする先輩の選び方について読んだことがあります。武士の先輩ですから、相手は男性です。つまり男同士の恋愛も武士の心得として書かれている。そういう文化があるのです。

アメリカにこのようなことを書いた本はありません。ゲイの存在については完全に隠されてきました。

そんな日本には本来、ＬＧＢＴ法など必要ありません。ＬＧＢＴ法は、アメリカのエマニュエル大使も導入に積極的でした。そのエマニュエル大使は、今度は「ゲイ同士の結婚を認めろ」と岸田首相に迫っています。

これも日本の社会を崩壊させようという企ての一つです。本来なら必要ないＬＧＢＴ法を日本に持ち込むことで、社会を混乱させようとしているのです。この点は慎重に進める必要があります。

トランスジェンダーはカルトによる洗脳

マックス　ただ基本的に、ＬＧＢＴのうちレズビアン、ゲイ、バイセクシャルは、さほど大きな問題ではありません。それよりも注意すべきなのがトランスジェンダーです。ゲイやレズ、バイセクシャルは自然発生的に生まれるものですが、トランスジェンダーは陰謀家によってつくられたところがあります。

モーガン　「トランスジェンダーになりたい」という人のほとんどは、思春期の女の子です。自分の体が変化し女性的な体形になる時期で、その変化を受け入れたくない。12、

13歳頃の女の子には、よくある話です。

ただ、そんな気持ちをうまく摑めない。親にも、なかなか言えない。そんな女の子をSNSなどを使い、「あなたは、じつはトランスジェンダーです」などと言って勧誘するのです。

でも自分の娘から「私はトランスジェンダー」「本当は男の子」などと言われて、納得する親はまずいません。「あなたは女の子」などと娘の言うことを否定すると、「そんな親からは離れて、私たちのところに来なさい」と誘う。まさにカルトです。

アメリカでは、そうしたケースがものすごく増えています。日本でも同じことを起こそうとしているのです。

マックス　アメリカにおけるLGBT問題は、本当に深刻です。バイデン政権はLGBTを受け入れることが、アメリカの多様性や自由を保障することだと考えています。移民を大量に受け入れているのも同じです。アメリカはもともと白人の国なのに、それを無視して新しい国をつくろうとしているのです。

すでにカリフォルニア州では、トランスジェンダーを促進する新しい法律もできています。たとえば12歳の子が、「私はトランスジェンダー」と言ったとき、親が「何言ってるのよ」などと否定すると警察が来て、子どもを連れていくのです。

そして里親を見つけ、里親がその子を養育する。じつの親は会えない。そんな法律ができているのです。

モーガン　LGBT教育は幼稚園でも行われています。アメリカの知り合いに、東アフリカのソマリアから来た人がいます。彼女はアメリカが自国の独裁者と戦ってくれたことに大変感謝しています。彼女は難民キャンプに入り、その後アメリカに渡って軍人となり、のちにアメリカに帰化しました。そんな彼女が、私に泣きながら電話をしてきたのです。

自分の子どもが幼稚園で、「男の子は女の子になれるよ」という悪質なプロパガンダを受けていると。そのため彼女のソマリア人の友だちは、みんなソマリアに帰っているという話でした。ケニアの人々も、ケニアに帰っています。

ひどい話です。アメリカに夢を抱いてやってきたのに、アメリカは狂った教育をする国だった。

日本にもトランスジェンダー教育のための事務所がある

マックス　トランスジェンダーは、製薬会社とアメリカの左翼による共謀でもあります。「私はトランスジェンダー」と言う子どもに彼らが行うのが、一つはホルモン剤の投与です。男の子にはエストロゲンという女性ホルモン、女の子にはテストステロンという男性ホルモンを投与する。さらに二次性徴を抑える、思春期ブロッカーの投与もあります。これらを8、9歳の子どもに行うことが、多くの州で認められています。

本来8、9歳の子どもが「自分はトランスジェンダー」などと言いだすはずはありません。まだサンタクロースの存在を信じているような年頃です。セックスが何かもわかっていない。ところが学校の先生やカウンセラーが寄ってたかって、「あなたはトランスジェンダーです」と教え込むのです。

こうした先生やカウンセラーの多くは、製薬会社からお金をもらっています。そして子どもを「あなたはトランスジェンダー」と洗脳し、親には「もし子どもがトランスジェンダーであることを許せないなら、子どもは自殺しますよ」と脅すのです。これを信じる親もいます。
また親が左翼だった場合、子どもがトランスジェンダーであることを誇りに思います。「私の子どもは生まれたときは男の体だったけれど、うまく女性になっている」と喜ぶのです。

モーガン　おぞましい話です。

マックス　デズモンド・イズ・アメイジングという女装姿の少年がいます。彼はドラァグクイーンと呼ばれる、女装してパフォーマンスをする男性たちの仲間です。数年前、11歳の彼がゲイのストリップショーに出ている映像も見ました。

ニューヨークだったと思いますが、都会にはそういう場所があります。田舎にはほとんどありませんが、関係者はこうした場を拡大しようとしています。

すでに一部は日本にも来ています。ドラァグクイーンを集めた「ドラァグクイーンストーリーアワー」という組織があり、日本にも「ドラァグクイーンストーリーアワー・トーキョー」の事務所があります。

ここでは女装した彼らが、子どもたちに絵本の読み聞かせをしています。絵本を通じてLGBT教育を行うのです。子どもたちに「生まれたのは男でも、本当の性はわからない」といった話をする。そんな絵本をつくる出版社もあり、日本語に訳されたものもあります。

よく知られているのが、『キース・ビケイム・ジェニー』という本です。キースは男の子の名前、ジェニーは女の子の名前です。男の子だったキースが、女の子になりました。自分の本当のアイデンティティを持つことができ、幸せになりましたというストーリーです。

車内で感じたLGBT色に染まりつつある日本

モーガン　これまでの左翼やグローバリストのやり口は、主義や思想を使って革命を起こすというものでした。共産主義や社会主義、労働組合といったものを使って「平等」といった大きな概念を浸透させ、全世界で革命を起こすことを目指していた。

それをフェミニストやＬＧＢＴ活動家たちは、人の体や心を使って革命を起こそうとしている。ＬＧＢＴを社会問題化し、体や性の問題で精神的に弱っている人を狙う。性的弱者をテコに革命を起こそうとしているのです。新しい動きであり、非常に危険です。

ここで最もターゲットにされやすいのが、立場が弱く、精神的に不安定な子どもや女性で、それがトランスジェンダーです。子どもの安全が脅かされている事態は、いままでの日本では考えられない動きです。これまでの日本は、子どもが安心して安全に暮らせる社会でした。象徴的なのが、子どもが一人で外を歩いても平気なことです。

ところがいまは自民党が先頭に立って、子どもをターゲットにする政策を推し進めようとしているのです。

マックス　子どもをトランスジェンダーにしようとする人たちの狙いは、子どもたちを親から奪うことです。学校の先生も、彼らに協力しているケースが少なくありません。

その意味で日本は日教組に注意する必要があります。アメリカの左翼の考えを日本に持ち込もうとするのが、彼らです。

モーガン　その点について、私の考えは少し違います。日教組は、たとえば30年前なら非常に危険な組織でした。でもいま日教組の力は、相対的に弱っています。

それよりも日本自体が、日教組と関係ないところで、ＬＧＢＴ一色に染まりつつある気がします。街中を歩けばわかります。電車に乗ると、メイクをしている男性の広告を見かけるのも、その一つです。日教組と関係ないところで、いわば日本文化がＬＧＢＴのシンボルカラー、虹色になろうとしているのです。

先日、私がときどき投稿しているアメリカの雑誌『クロニクルズ』の編集部の編集長から、面白い話を聞きました。編集長は、先ほどマックスさんのお話に出たフランクフルト学派の一人、ヘルベルト・マルクーゼの弟子だったそうです。

彼によると、アメリカのニュース専門放送局「FOXニュース」にはトランスジェンダーやゲイに肯定的な発言をする人が多いそうです。FOXニュースはアメリカでは保守系とされています。つまりアメリカの保守は、LGBT問題に肯定的なのです。

一方、マルクーゼの弟子である編集長は、「マルクーゼはけっしてトランスジェンダーを認めない」と言っていました。アメリカの保守系は、左翼のフランクフルト学派をよく批判しますが、じつは性についてはFOXニュースのほうがよほどラディカルなのです。いろいろなところで、まったく新しい革命の手法が浸透しだしているのを感じます。

問題は社会常識より人権が重視されていること

モーガン　日本人は寛容だから、あまり人を裁こうとしません。それを私は日本人の美徳だと思っていますが、そうした日本人の寛容性を悪用しているのがフェミニストであり、LGBT活動家です。このままだと「トランスジェンダーを100パーセント受け入れなければ、あなたは差別主義者だ」と言われ、受け入れることにもなりかねません。

日本は法律が国を支配する法治国家です。そうした中で、今後人びとの敵となるのが人権です。人権を盾に権利ばかり主張する人がいると、法がなおざりにされ、犠牲になる人が出てきます。

法律で社会を治めるのではなく、権利を主張する者同士のバトルで物事が決まる。これがフェミニストやLGBT活動家の望む世界でもあります。

自分の子どもが「トランスジェンダーになりたい」と言った。つまり男の子が「女の子になりたい」とか、女の子が「男の子になりたい」と言う。常識で考えればダメです。性別は、生まれたときに決まっています。

マックス　そう。戸籍にも性別が書かれています。

モーガン　ところがそこに人権問題が入ってくると、トランスジェンダーを認めなければ差別主義者として糾弾される。親が子どもがトランスジェンダーになることに反対すれば、国が「子どもの人権を守るため」と称して親から引き離す。

国が家族という枠組みを無視して、すべてを司る。これは昔の集団主義と同じです。日本から家族が消えるのです。

昔は「所有することが大事」と考えられていました。物質を個人のものとして持てるかどうか。これは共産主義をどう考えるか、という問題でもあります。いまは物を自由に持っていい時代ですが、一方で自分の体や自分の家族を守れるかどうかという、新しい問題が起きているのです。

昔の日本は、家族の絆が強かった。それがいまは弱くなり、みんな孤独になっています。一人暮らしも増え、家族といてもみんなスマホばかり見ています。スマホの虜になっていて、これはファシズムの世界に入っているのと同じです。

ファシズムの世界とは、個人の自由がなくなり、他の誰かが自分を支配している状態です。この「他の誰か」が、スマホやテック企業、場合によっては政府なのです。その背後にいるのがグローバリストであり、ワシントンです。

日本の文化は、草の根を大事にしてきました。これは人の絆を大事にすることですが、逆にいえば、法律をあまり重視していなかったことにもつながります。これは法律が理屈の世界だからでしょう。

日本は理屈よりも、社会的な常識を重視していたように思います。「こうしておけば、まあ大丈夫」とか「近所の人に会ったら挨拶する」とか。そうした基本的なことをやっておけば、ほぼ9割の問題は解決するし、事前に防止できる。そういう社会でした。

マックス そう。それが日本の素晴らしいところです。

モーガン それがいまは人権、法律、条例といった概念が重視されるようになっています。これはワシントンのスタイルです。そうなると社会が総崩れするしかない。日本文化が政府など、上から解体されている気がします。

かつて「ソ連は独裁国家で、アメリカは法治国家」という考え方がありました。ところがアメリカもソ連を見習い、あるいは中国を見習って、法律でエリートの立場を守る、あるいは法律を使って革命を起こすといった手法を覚えてしまったのです。いまのワシントンは、ソ連時代のモスクワと変わりません。

さらに言えば、スターリン時代までのソ連なら、いまのワシントンよりマシでした。いまはワシントンのほうが危険です。ワシントンと北京は、完全に気が狂っています。法律や国家という大きな武器を使って、社会を破壊している。これが中国共産党とワシントンなのです。

ヘイトスピーチで逮捕されるイギリス人

マックス　フェミニストやLGBT活動家はポリティカル・コレクトネス（PC）を理由に、社会を壊そうとしています。このPCに関連して、もう一つ出てきた問題があります。ヘイトスピーチの問題です。

英語と日本語を比較すると、英語には日本語にないような失礼な単語がけっこうあります。たとえば「ファックユー」。日本語にうまく訳せますか？

モーガン　確かに訳せません。

マックス　「ファックユー」は、相手とわざと問題を起こすために言う言葉です。そんな言葉は日本にはありません。でもアメリカには、失礼な言葉がたくさんある。もちろんゲイや黒人に対しても、失礼な言葉がたくさんあります。

そこからアメリカでは、こうした言葉を言わせないようへイトスピーチを過剰に意識するようになりました。それが高じていまはヘイトスピーチを禁止する法律をつくろうとしています。でもこれは言葉狩りを生み出すもとです。私がネット上に変な言葉を上げるだけで、逮捕されるかもしれません。

モーガン　イギリスは、すでにそうなっています。

マックス　カナダもそうです。

モーガン　たとえば「トランスジェンダーは騙されている」などと書けば、警察が来て逮捕される。ネット上には逮捕される様子を映した動画がたくさんあります。

『ハリー・ポッター』の作者J・K・ローリング氏は、トランスジェンダーについて「生物学的に女性なら、それは女性である」「子宮を持っていないなら女ではない」などといった発言をして、あちこちからバッシングを受けています。

彼女の住むスコットランドでは、2024年4月から「ヘイトクライムと公共の秩序法」が施行されました。トランスジェンダーなど性的少数者について、憎悪をかきたてる表現をネット上に上げれば犯罪になるというものです。ローリング氏の発言もヘイトクライムとして犯罪行為になるのです。

これに対しローリング氏は「私の書いたことで逮捕される覚悟はある」「どうぞ私を逮捕してください」といったことをX上でつぶやいています。

ローリング氏の話は有名です。彼女はどれだけバッシングを受けても怯《ひる》みません。徹底的に戦う覚悟です。

マックス　同じことは人種に関する発言でも起きています。たとえば「犯罪率が一番高いのは黒人」と言えば、これもヘイトスピーチになります。たとえ事実であっても、「黒人に対する差別だ！」となる。だから言えることが、どんどん少なくなっています。もはや言論の自由はゼロです。

日本でも、そうなります。たとえば神奈川県川崎市には、在日韓国人が多く住んでいます。私は韓国に住んだこともあるので、少し韓国語が話せ、ハングル文字も読めます。それで川崎に住む彼らとも、親しくつきあっていました。夜になるとコリアンバーやコリアンスナックなどに行って、私が韓国語を話すと「懐かしい」などと喜んでいました。

彼らの中には、川崎市役所で働いている人もいます。ただし日本国籍ではないので、警察官や国家公務員にはなれません。そんなことを言うだけで、ヘイトスピーチになるのです。

モーガン　外国人が警察官や消防士などになれないのは、当然の話です。それなのに口に出してはいけないという。まさに異常です。

マックス　また彼らは福祉の申し込みをすると、「在日韓国人は気の毒だから」と許可が下りやすくなっています。これも言葉にすると、ヘイトスピーチになります。

彼らが警察官や国家公務員になれないのも、福祉サービスを受けやすいのも現実です。現実なのにそれを言うとヘイトスピーチになるのです。

モーガン　ＬＧＢＴ増進法が通ったのだから、ヘイトスピーチを規制する法律ができてもおかしくありません。ＬＧＢＴ増進法の轍《てつ》を踏まないために、ここは注意深く見ていく必要があります。

第4章

アメリカの〝日本占領〟を喜ぶ「親米保守」の不思議

バイデン大統領に魂を売り渡した岸田首相

マックス　第1章から第3章まで、日本を弱体化させている、あるいは弱体化させようとしているアメリカのワシントン、グローバリスト、フェミニストやLGBT活動家たちの問題を議論してきました。ただじつは日本を弱体化させているのは、アメリカにいる勢力だけではありません。日本にも存在します。

日本の弱体化を望む存在として、左翼を思い浮かべる人は多いでしょう。でも左翼が日本の弱体化を図っているのは、すでに公然の事実です。警戒される存在であり、その意味で大きな脅威ではありません。むしろ危険なのが、親米保守の人たちです。

「保守」といえば当然、日本のためを考え、行動する人たちと思われがちです。でもここに「親米」が加わると、危険な存在になります。

アメリカには日本を弱体化させようとする勢力が大勢います。典型がこれまで述べたようなワシントンやグローバリストです。それなのに親米保守の中には、彼らの言うことを無批判に受け入れる人がいる。ワシントンやグローバリストにとって、都合のいい存在になっています。

親米保守に警鐘を鳴らすのは、日本の弱体化を阻むうえで重要です。そこで本章では、日本における親米保守とはどのような人たちか、どこが問題かといったことを議論したいと思います。

モーガン　「親米保守」というとき、まず挙げたいのが岸田首相です。1章で述べたように、2024年4月の訪米ではバイデンから完全に見下されていました。さらに半月ほどして、バイデンに「日本人は外国人嫌い」などと言われた。それに対して岸田首相は平然としています。

これは日本人の魂をバイデンに売り渡したのと同じです。テレビで見る岸田首相は、「日本はアメリカにさしあげます。どうとでも好きにしてください」というような態度でした。日本のような素晴らしい国を、なぜ売ってしまうのか。

マックス　そこには日本人の〝黒船コンプレックス〟があるように思います。新型コロナウイルスの感染拡大が起こる前、よく妻と一緒に伊豆の下田市に行きました。あそこは幕末の1853年に、アメリカのペリー提督が黒船4隻を連れて来た場所です。あれ以来、日本人には「アメリカは恐ろしい」と思う一方で、「アメリカを仰ぎ見る」人が少なからずいるのです。

そんなアメリカと大東亜戦争で戦って負け、戦後は日米同盟を結んだ。「日米同盟があるから、アメリカは必ず日本を守ってくれる」と信じているのが、日本の親米保守です。でもいざ日本と中国で戦争が起きても、アメリカは参戦しません。たとえ日米同盟があっても、アメリカは必ず参戦しない理由を見つけます。

アメリカが参戦するには、大統領が「軍を出せ」と言うだけではダメです。議会を通す必要があります。これを楯にとり、「議会がノーと言っている。残念だが日本に兵を出せない」と言えば終わりです。

基本的にアメリカは、中国と組んだほうが自分たちの利益になると思っています。アメリカは数で見ます。中国の人口と日本の人口を比べれば、どちらと組んだほうが得かは明らかです。

また中国は昔からキリスト教を布教しやすい国です。国民党のトップだった蔣介石の妻・宋美齢はキリスト教徒だったし、蔣介石もいちおう洗礼を受けてキリスト教徒になっています。それでアメリカの宣教師は、みな親中派になります。

一方の日本は、なぜかキリスト教徒になる人が少ない。その点でもアメリカとしては、中国とつきあいたいと考えています。

横田基地の上空を飛ぶのにアメリカの許可が要る不思議

モーガン　そもそもいまのアメリカが「日本を守っている」と思うのが間違いです。アメリカは日本を守っていません。戦後のアメリカがやってきたのは、日本の〝占領〟です。これを日本の親米保守はわかっていません。

本当を言えば、アメリカ自体がワシントンに〝占領〟されています。なぜならアメリカ人は守られていないからです。

イラクやアフガニスタンなど、世界中のいろいろな戦場に送り込まれ、死んでいます。ベトナムもそうでした。彼らは「アメリカのため」に死んだのではありません。「ワシントンのため」に世界中の戦地で殺されたのです。

すべてワシントンの利益のためで、アメリカ人は守られていない。そんなワシントンとつきあうこと自体が危険です。ワシントンとのつきあいを続ければ、いずれ日本人もアメリカ人と同じように殺されてしまいます。

アメリカが日本を守る気がないのは、沖縄や尖閣諸島を考えても明らかです。竹島も同じで、日本の領土なのに韓国に乗っ取られています。北方領土もそうです。

しかも日本には本州でさえ、自由に使えない場所があります。アメリカ空軍の横田基地の空域は、新潟県から静岡県にまで及んでいます。この間を飛ぶには、アメリカの許可が必要です。

マックス　だから大阪の伊丹空港から東京の羽田空港に行くのに、まっすぐ飛ぶことができません。南のほうに大回りするのです。1960年に結ばれた日米地位協定で、そのように定められました。

日本の土地なのに、なぜ日本の民間機が飛べない空域があるのか。日本人の権利は極めて制限されているのです。

モーガン　悲しいかな、「日の丸を掲げているアメリカの州の一つ」と考えたほうがいい。日本人がたくさん住んでいるアメリカの土地なのです。北方領土どころの話ではない。

マックス　日本には主権がないのです。2004年にアメリカの普天間基地のヘリが、隣接する沖縄国際大学の構内に墜落する事件がありました。このときまず出動したのはアメリカ軍で、周囲を封鎖して日本の警察や消防隊が入れないようにしました。

墜落したのは基地ではなく、日本の学生が通う普通の大学です。そこにヘリが墜落し、日本人の死傷者がいるかどうかわからない。そんな状況なのに救急車が入れないようにした。これは日本に主権がないからです。

アメリカは沖縄を返したといっても、実際は形だけです。

モーガン　しかも都合が変われば、その日から米軍が消えることもあり得ます。

２０２１年にアメリカはアフガニスタンから撤退しました。２００１年の9・11テロ以来、アメリカはアフガニスタンと戦ってきました。このアフガニスタン戦争で大勢が命を懸けて戦い、大勢の人が死にました。私の友だちも兵士としてアフガニスタンに行っています。

それがある日突然、撤兵を決めて現地の人たちを置き去りにして去っていきました。20年にわたり膨大なお金を使い、大量の血を流したことなど意にも介さない。

日本も人ごとではありません。アメリカの都合で、いついなくなるかわからない。そのとき日本を守るのは自衛隊だけです。それで本当に中国、あるいはロシア、北朝鮮の脅威に対抗できるのか。

私は日本人ならできると思います。ただ、アメリカに見捨てられれば、相当苦労する時期も訪れるでしょう。それに加えて、アメリカ軍が日本を後にするとき、ワシントンも日本の敵だとやっと見えるようになるでしょう。自衛隊は、その敵、ワシントンと戦えますかね。

マックス　日本の防衛について、アメリカが昔から言っているのが「日本はタダ乗りしている」というものです。憲法9条をいいことに、アメリカに守られるばかりで、自分たちで軍を強くしようとしない。「もっと自分たちで努力しろ」というわけです。

それでも日本に軍を置いているのは、アメリカにとって利益があるからです。利益がないと判断すれば、すぐに日本を去ります。

日米同盟はインディアンとの条約と同じようなもの

モーガン　話は少し変わりますが、1830年代のアメリカで、最高裁判所のジョン・マーシャル判事が興味深い判決を出しています。チェロキー族の土地が欲しい投資家が、彼らを強制移住させて土地を奪おうとしたときのことです。

マックス　チェロキー族は、アメリカ南部のインディアンですね。

モーガン　ジョージア州など東部に住むインディアンです。チェロキー族は強制移住を不服に思い、弁護士を雇って「強制移住は違法」と訴えたのです。これに対してマーシャル判事が持ち出したのが「ドメスティック・ディペンデント・ネーション」という言葉です。

マックス　日本語にすると「依存している国内国」。

モーガン　扶養家族みたいなイメージです。「あなたは私たちに養われている」。チェロキー族は、アメリカが養っている外国人というわけです。だからアメリカの都合に合わせて、移動しなければならないというのです。

これがアメリカのインディアンに対する考え方です。アメリカの都合によって、お前たちを見捨てる場合もある。インディアンに対する扱いを見れば、アメリカの日本に対する考え方もわかるはずです。

チェロキー族に限らず、インディアンは収容所に近い環境での暮らしを強制されています。日本人はある意味、日本列島といういちばん大きな収容所で暮らしているのです。その中にアメリカは基地をつくり、「日本人を養っている」と思っている。「俺たちが必要と思うから、この列島に基地を置く。お前たちに文句を言う権利はない」

という扱いです。アメリカに行った日本人は、みな「アメリカは素晴らしい国」と言いますが、同じアメリカに行くなら、一度インディアンの話を聞くべきです。

マックス　西部開拓時代にアメリカは、インディアンといろいろな条約を結びました。ただしアメリカの開拓が進むにつれて、それぞれの部族との条約をどんどん破っていくのです。いま話に出たチェロキー族はその後、現在のオクラホマ州に移住させられます。このときの強制移住で人口の3分の1が死にました。このときの移動は「涙の道」と呼ばれています。

さらに白人の西部開拓が進むと、オクラホマ州からも追い出され、インディアンの住む場所はどんどんなくなっていくのです。

モーガン　日米同盟はアメリカにとって、インディアンとの条約と同じようなものです。白人の都合が変われば、お前たちは見捨てる。追い出す。ワシントンにとって常識です。

マックス　アメリカとの交流はもちろん大事ですが、そこはつねに覚えておく必要があります。

弱体化しているアメリカに日本を守る力はない

マックス　また、アメリカを信用してはいけない理由として、そもそもアメリカが弱体化しているという問題もあります。これまで見てきたように、いまのアメリカ社会は左翼の考えを採り入れた結果、完全に失敗しています。

むしろ反面教師として見るべきなのに、いまだアメリカを見習おうとしている。そうではなく、アメリカ社会の現状を見てほしい。

モーガン　社会をきちんと見ることで、アメリカの異常さに目覚めると思います。

マックス　ただ、きちんと見ようとしても、日本には「マスコミの報道がダメ」という問題があります。アメリカの報道を垂れ流しているだけですから。

モーガン　ほぼＣＮＮのコピペです。

マックス　アメリカは、軍もダメです。こんなバカな話があります。いまイエメンにいる親イランのフーシ派が、紅海を航行する船に向けてミサイルを撃っています。そこからアメリカ海軍では、フーシ派に対抗する海軍の勇姿をＰＲする写真を撮ったのです。

駆逐艦の船長が、M16のような自動小銃で敵を狙っているというものですが、軍人ならあり得ないミスをしています。小銃の上には、遠くを見るためのスコープがついています。その取りつけ方が逆なのです。後ろと前が逆になったスコープで覗いていて、これでは遠くの敵がさらに小さくなってしまいます。

船長であれば、スコープの正しい取りつけ方など常識です。それができていない。つまり銃の扱い方がわかっていない船長の写真で海軍をPRしようとしたのです。

アメリカは言うまでもなく、銃の国です。銃に詳しいアメリカ人にアピールしようと海軍は意図したのに、こんな写真を出したのでは逆効果です。慌てて海軍は、PR写真を削除しました。

モーガン　恥ずかしい話です。

マックス　海軍といえば、アメリカの誘導ミサイル駆逐艦「ジョン・S・マケイン」の事件もありました。2017年8月にシンガポール沖で、リベリア船籍のタンカーと衝突したのです。ダイバーが複数の乗組員の遺体を発見し、この駆逐艦が所属する第7艦隊の司令官が解任されました。

その2カ月前にも、第7艦隊所属の駆逐艦「フィッツジェラルド」が相模湾でフィリピン船籍の大型コンテナ船と衝突し、乗組員7人が死亡しています。不思議なことに海軍の艦長でも、船の操縦がわかっていないのです。これらの事故を受けて、アメリカ海軍は世界的な作戦の一時停止を命じました。

海軍はロードアイランド州というアメリカで一番小さな州に、士官のための学校を持っています。私が海軍の海兵隊にいた時代、私は伍長でしたが、士官になるとその学校で半年間、船の操縦の勉強をすることになっていました。

ところがその学校は2003年に閉鎖されました。では新しく士官になった人はどうやって勉強するかというと、DVDセットを渡されるのです。「これを見て、海上勤務しながら自分で勉強しなさい」というわけです。

ただ新任士官は、やらなければならない仕事がたくさんあるので、自由になる時間をあまり持てません。だからDVDを渡されても、勉強する時間がないのです。

モーガン　そもそもDVDを見るだけで、ちゃんと船を動かせるようになるのですか？

マックス　それも疑問です。海軍の事故が増えているのも、このことが関係しているかもしれません。

先程の相模湾の事故は、夜中の航行中に起きたものです。このとき望遠鏡を持って外に出ている水兵はおらず、すべてレーダーに頼っていました。彼らがレーダーの読み方をきちんとわかっていなかった可能性もあります。

規律が失われはじめているアメリカ軍

マックス　ここでアメリカ軍が、いかに日本にとって頼れる存在ではないかを知っていただくため、軍の内情を少しお話ししたいと思います。

たとえば空軍です。いま空軍では、白人パイロットが多すぎるためマイノリティと女性のパイロットを増やそうとしています。最終的に白人パイロットの比率を42パーセントに下げ、マイノリティと女性で58パーセントを目標にするとアメリカの総司令官が言っているそうです。

モーガン　それは致命的な発言です。アメリカは「誰もが平等」という概念で成り立っています。それなのに軍の上層部が白人を逆差別している。軍の中で「白人はダメ」「黒人にせよ」といった発言をしていたら、軍の規律も失われてしまいます。

マックス　私が海兵隊にいたときも、白人・黒人の問題はもちろんありました。でも軍曹が次のように言っていました。「お前たちは白人ではない。黒人でもない。茶色でもない。みんな緑だ」と。軍服が緑だからです。

モーガン　それが一番です。じつに聡明だと思います。

マックス　「兵隊は顔の色を見るのではなく、肩の上にある肩章を見ろ」と。肩章で階級を見て、判断するのです。

たとえば夜、遊びに行くときです。岩国基地の外には、3つのバーがありました。1つは白人向けで、音楽はカントリーがかかっている。もう1つは黒人向けで、音楽はラップなど。3つ目はヒスパニッシュで、ラテン系のヒスパニック音楽がかかっていました。それぞれ好みで、好きなバーに行きます。

一方で基地の中にも、3つのバーがありました。こちらは1つは士官用、もう1つは軍曹用、3つ目が普通の兵隊用です。違う階級の人間が入るのは禁止。私は伍長だったので、軍曹用のバーには入れませんでした。もちろん士官用のバーにも入れない。

こうした決まりがあるのは、違う階級同士の人間が仲良くなるのを避けるためです。もし士官が一般兵士と仲良くなれば、その兵士に関わる命令を出しにくくなります。命令を出したことで、仲良くなった兵士が死ぬかもしれないからです。

そのため親しい兵士に危険な任務を与えず、別の兵士を選ぶことになります。好きな人に死んでほしくないのは当然のことです。そうした事態を避けるため、基地内のバーを階級別にしているのです。

ところがここに女性が入ってくると、話が違ってきます。女性と男性なら、多くの軍曹は女性を優遇したくなります。

モーガン　女性と男性のどちらかを選ぶとなれば、最後はそうなります。

マックス　日本でも同様のことが起こるかもしれません。そこにトランスジェンダーが入ると、話はさらに複雑になります。日本がトランスジェンダーを認める方向に進んでいるのには危惧を感じます。

3章でも述べたように、私の時代はゲイの男性は軍隊に入れませんでした。ゲイとわかればクビです。私はゲイの兵士をクビにしろとは言いませんが、同じLGBTでもトランスジェンダーは別の話です。自衛隊でトランスジェンダーの兵士を認めるとなると、男性兵士、女性兵士それぞれに混乱が生じることは間違いありません。

バイデン政権は2021年に、トランスジェンダーの入隊を認めました。トランプ政権時代にトランスジェンダーの入隊を禁じた規則を撤廃したのです。日本がバイデン政権に続かないか心配です。

アメリカは海兵隊を減らして朝鮮戦争で負けかけた

マックス　また同じアメリカ軍でも、陸軍と私のいた海兵隊では戦い方が全然違いました。私は軍曹から、「お前らはベトナム戦争中だったら、1年に3割死んでいる」と言われました。海兵隊はそれぐらい、兵士の犠牲を厭いません。ある程度の損耗を覚悟で作戦を立て、遂行するのです。

一方で陸軍は大砲を使ったり、空襲したりしながら、少しずつ進むといったやり方です。

モーガン　いまの話で思い出したのが、『オン・キリング』（殺しについて）という兵士の心理を考察した本です。第二次世界大戦のとき、アメリカの兵士は敵を殺すのに躊躇していたので、ベトナム戦争のときにはその躊躇を乗り越えて、躊躇わないで敵を殺せるような訓練を実施したようです。

人はだれしも目の前の敵を殺すのに躊躇しますが、遠く離れた敵を飛行機から攻撃したり、ドローンをリモートで操縦して攻撃すると、抵抗が自然に低くなるでしょう。要は、兵器の進化によって敵の殺し方への意識も変化するわけです。

私がそこから思ったのは、アメリカという国は技術の進歩を自慢したい国だということです。これはアメリカが、革命的な国ということもあります。実際に敵の顔を見て殺すのではなく、できるかぎり離れたところから殺したい。それがアメリカの戦争ビジネスにもつながっているのです。

つまり槍や弓矢のような時代は終わり、自分たちは犠牲を払わずに敵を大勢殺せる。そのようなビジネスをやっていると思います。心理的にもその分だけ負担が軽くなるでしょう。

ただ実際に戦争になると、戦地まで赴いて死んでくれる人が必要です。ベトナム戦争も、イラク戦争も、アフガニスタン戦争もそうでした。多数のアメリカ人が死んでいます。現在もウクライナ戦争を見れば、多くのウクライナ兵やロシア兵が死んでいます。

敵の顔を見ずに大量に殺せる兵器がある一方で、敵と戦って死んでいく兵士もいる。両極端に走っていることが、アメリカの問題のようにも思います。つまり原始時代のような直接敵と対峙する戦争をやると同時に、ミサイルを使った戦争もする。これがアメリカの軍隊という気がします。

マックス　海兵隊は違います。私がいたときの海兵隊は、大きな棒やナイフを持ち、ゴムボートに乗って強襲していました。
モーガン　海兵隊はそうですね。敵の首を絞めるとか。要は自分の手で殺す。
マックス　ふだんの訓練から、そのように意識させるものになっています。それが海兵隊で、アメリカ軍の中では珍しい。
だから空軍の人は、海兵隊にコンプレックスを持っていました。空軍というと戦闘機で敵とドッグファイトをするイメージが強いですが、実際は大半が技術者で、飛行機を整備する人たちです。前線でドッグファイトをする人は極めて少ない。パイロットにしても、高いところから爆弾を落とすといった任務が大半です。
だから私が「海兵隊にいました」と言うと、空軍の人はみんな怖がりました。海兵隊は自分たちの手で殺す、言わば殺し屋だと。
モーガン　そんな目で見られているんですね。ちょっと失礼ですが、原始人のような怖さ（笑）。
マックス　中世ですらやっていない、大昔の戦い方をしている人たち。
空軍に限らず、アメリカの中には海兵隊を恐れる人がけっこういます。海兵隊の歴史はアメリカの400年ほどの歴史の中で、250年ぐらいしかありません。その

250年で海兵隊を潰そうという話が、アメリカ議会の中で2、3回ありました。1回目は、第二次世界大戦が終わったときです。このとき海兵隊の数が極端に少なくなりました。

モーガン　海兵隊が怖いから潰そうとしたのですか？

マックス　現代には不要という議論でした。でも本当は心の中で恐れていたのです。

モーガン　だから空軍を強くして、海兵隊を減らそうとした。

マックス　「これからは技術の戦争」などと言って。第二次世界大戦が終わって5年後に朝鮮戦争が始まりますが、当時の海兵隊は本当に少なく、1つの師団さえつくることができませんでした。第二次世界大戦のときは、6つの師団がありました。

海兵隊を使えないので陸軍に頼った結果、アメリカは朝鮮戦争で苦戦した。そこで再び海兵隊を組織し、海兵隊を投入することで、なんとか負けずにすんだのです。朝鮮戦争で一番活躍したのが海兵隊です。

自衛隊の特種訓練はカリフォルニアでなく沖縄ですべき

モーガン　いまの話は日本にとっても重要です。日本は列島だから、中国が日本を侵略

郵便はがき

料金受取人払郵便

牛込局承認

9026

差出有効期間
2025年8月19
日まで
切手はいりません

162-8790

東京都新宿区矢来町114番地
神楽坂高橋ビル5F

株式会社ビジネス社

愛読者係 行

ご住所 〒 TEL:　　(　　)　　FAX:　　(　　)		
フリガナ お名前	年齢	性別 男・女
ご職業	メールアドレスまたはFAX メールまたはFAXによる新刊案内をご希望の方は、ご記入下さい。	
お買い上げ日・書店名 年　月　日　　市区町村　　書店		

ご購読ありがとうございました。今後の出版企画の参考に
致したいと存じますので、ぜひご意見をお聞かせください。

書籍名

お買い求めの動機

1　書店で見て　　2　新聞広告（紙名　　　　　　　　　）

3　書評・新刊紹介（掲載紙名　　　　　　　　　　　　）

4　知人・同僚のすすめ　　5　上司、先生のすすめ　　6　その他

本書の装幀（カバー），デザインなどに関するご感想

1　洒落ていた　　2　めだっていた　　3　タイトルがよい

4　まあまあ　　5　よくない　　6　その他(　　　　　　　　　　)

本書の定価についてご意見をお聞かせください

1　高い　　2　安い　　3　手ごろ　　4　その他(　　　　　　　　)

本書についてご意見をお聞かせください

どんな出版をご希望ですか（著者、テーマなど）

しようとすれば上陸作戦になります。つまり浜辺で戦うわけです。そうなると大昔の人たちのように自分の手で殺すとか、銃で殺すといった戦い方になります。

これは海兵隊のスキルです。日本で一番必要なのは、海兵隊のスキルではないでしょうか。列島では兵器の能力以上に、敵を目の前にしての戦い方こそが一番重要な気がします。

マックス いま自衛隊では、そのような部隊をつくろうとしています。2000年ぐらいから海上自衛隊と陸上自衛隊の両方で、海兵隊のようなスキルに特化した専門部隊をつくりだしています。

モーガン 絶対に必要です。

マックス 本島だけでなく、敵の軍がどこかの島に上陸する可能性もありますから。

モーガン すでに動きがあるのは心強いです。実際に日本にいるアメリカの海兵隊が、日本の自衛隊をサポートしているのですか？

マックス 自衛隊がカリフォルニアにまで行って訓練を受けています。ここで敵の上陸を防ぐ訓練などをしています。

モーガン でも日本でやったほうがいいのではないですか？　自分のホームグラウンドでやるのが一番実践的なように思います。

マックス　ただ実際に、たとえば沖縄で訓練すれば、中国が大声で騒ぎだすかもしれない。

モーガン　中国が何を言ってもいいじゃないですか。大声で叫んでも無視すればいい。これは日本の問題なのですから。

マックス　私もそう思います。日本が強い軍隊をつくって、中国が何を言っても「ハハハ」と笑って無視すればいい。

モーガン　それが理想です。日本が強くあれば、他国が何を言っても気にせずにすみます。これはアメリカに対しても同じです。とくに親米保守の人たちに言いたいです。アメリカが何を言おうと関係ない。アメリカに追従する時代は終わりました。日本が強くなって、自分で自分を守る。そうなれば中国が何を言っても関係なくなります。

マックス　何を言われても「うるさい！」ですみます。

モーガン　中国船が尖閣諸島に近づいたときも、普通に考えれば「それ以上近づけば、お前たちの船を全部、海の底に沈めてやる」と警告すればいいだけです。

たとえば中国船がカリフォルニア沖にあるリゾート地、サンタ・カタリナ島に近づいたら、アメリカは「お前たち、何をやっている！」と言って、その船を沈めるはずです。同じように尖閣諸島に船が近づいたら、即座に沈めればいい。それができないのは、アメリカが日本の自由を邪魔しているからです。

マックス　確かにそういうところがあります。ただ、それはいままでの話で、いまのアメリカは、すごく弱くなっています。これは日本がアメリカから自由になるチャンスです。

「活米」はあり得ない

モーガン　すでに日本がアメリカに頼る時代は終わっています。先日、元自衛隊の将官で現在は大学教授の方とお話しする機会がありました。その先生は、いつも「活米」とおっしゃっています。要はアメリカをうまく活かして、日本の領土を守るという考えです。でも私は、「残念ながら、それは無理ではないでしょうか」と申し上げたのです。

いまのアメリカを牛耳るワシントンやグローバリストの本質はファシストです。ファシストが動かす国・アメリカを活かすなんて、まずできません。「アメリカを活用できる」という親米保守の考えは、少し純真すぎます。

ファシストの国であり、サイコパス（精神病質）でもある。人がいくら死んでもかまわないと思っているワシントンが牛耳る国です。ウクライナの現状を見ればわかります。

ウクライナ戦争は、アメリカがプーチン大統領と交渉して、「もう終わりにしましょう」と言えば、すぐに終わります。ところがそれをせず、ウクライナ人がどんどん死んでいくのを黙って見ているのです。情けないです。

アメリカの元陸軍大佐、ダグラス・マックグレーガー氏によると、いまワシントン周辺で建設ブームが起きているそうです。みんな家を増築したり、新築したりしている。防衛関係の会社が儲かっているからです。

ウクライナ人が死んでいる一方で、ワシントンだけが儲かっている。そんな状況なのに、「活米」という考え方は、サイコパスに利用されるだけです。残念ながらアメリカの実態が見えていません。

マックス　一方で戦争が下手です。2024年5月6日にはクリミア方面でウクライナ軍が弾道ミサイルを発射しました。でも大砲もない、軍用機もない。そうした状態で攻撃を仕掛けるのは自殺行為です。ロシア軍は笑っています。

ロシアは塹壕《ざんごう》を3カ所につくっていますが、ウクライナは1カ所目にすらたどり着いていません。1カ所目の塹壕の2、3キロ手前までしか進めていない。

ウクライナ東部にあるバフムートも、「絶対に守る」と言いながらロシアに取られてしまいました。ウクライナは間もなく崩壊します。人がどんどん死んでいるうえ、「命令に従わない兵士がいる」「撤退ばかりしている」といった話も聞きます。

アメリカにとって自国の兵士でないから、どうでもいいのかもしれません。なにしろ黒海の北東にあるアゾフ海まで攻撃するといった、軍事的に意味があると思えない無茶な命令まで出していますから。

アメリカはアフガニスタン人を見捨てた

モーガン　まさに親米保守の人々に聞きたいです。「1945年8月以降、アメリカが戦争で勝った例を教えてください」と。1つもないのです。

マックス　せいぜい朝鮮戦争の引き分けです。

モーガン　ベトナム戦争は負け。アフガニスタン戦争も負けた。一介の地域勢力に過ぎない、あのタリバン政権にさえ負けたのです。湾岸戦争は、ワシントンは「戦争」だと認めていません。しかも、湾岸戦争続編とも呼ぶべきイラク戦争は、大失敗で終わりました。

マックス　イラク戦争もダメでした。２、３級の軍隊しか持たないサダム・フセイン政権にも負けたのです。

モーガン　「これほど下手な軍隊に任せていいのですか？」ということです。

マックス　もっともアメリカ自体は、戦争に弱いという自覚はありません。「アメリカは強い」と自慢しているのは、彼らの本心です。でもじつは弱い。

モーガン　ベトナム戦争を「負けた」と思っていないアメリカ人もいます。

マックス　でも「アメリカは戦争に弱い」などと言う人は、軍で出世できない。そんな発言をしただけで、もうダメです。

私のフェイスブックの友達で、アメリカ陸軍の第82空挺師団に所属していた人がいます。軍の会議がいつもセクハラやゲイ差別の話ばかりで、まともな軍事訓練もできないと嘆いていました。それが嫌になって、軍を辞めています。

モーガン　アメリカ軍は、過去の栄光の勢いで生き長らえているだけです。たとえば第二次世界大戦におけるノルマンディ上陸作戦やミッドウェイ海戦など。そうした大昔の栄光の記憶があるから動いているけれど、最近どこかで大勝利を収めたという話はありません。もはや大昔を懐かしむ同好会になっています。

アフガニスタン戦争終了後に生まれた、オペレーション・パイナップルという作戦がありますね。アフガニスタン戦争の終わり方に納得できない人や、取り残された仲間を心配する、特種部隊の退役軍人たちによってつくられた作戦です。

彼らの目的は、自分たちやアメリカ大使館に協力してくれたアフガニスタン人をできるだけ多く、安全な場所に避難させることです。彼らは名誉意識が強いので、自分たちの名誉のために動きました。

でも上層部の人たちには、名誉意識などまったくありません。だから平気でアフガニスタンの人たちを見捨てました。

マックス　そのとおりです。戦争終結後、国外に脱出したい一般のアフガニスタン人が、カブール空港に9万人ぐらい集まりました。タリバンに家族や知人をたくさん殺された人たちです。

このときアメリカ軍は、何も手助けしませんでした。むしろ軍の通訳がパニックになっている現地の人たちに「自分の家で待ちなさい」と言ったきり、そのまま放置した。アメリカは彼らを見捨てたのです。

真実を言えばクビになるアメリカ軍

モーガン　そう考えれば日本に中国などが攻めてきても、アメリカは日本を見捨てます。取り残された日本人を救うため、アメリカの退役軍人がやって来る。そんな〝オペレーション・ソイソース〟〝オペレーション・ミソスープ〟といった作戦があってはならない。日本としては早くアメリカ軍を追い出し、取り残される前に独立した軍をつくるしかない！

マックス　アメリカ軍には何も任せてはいけない！

モーガン　２０２２年にアメリカのジャーナリストのマイケル・ヨン氏に、元アメリカの軍人で軍医だった人を紹介してもらったことがあります。軍医時代、新型コロナワクチンの投与を命じられ、いざ投与すると心臓発作を起こしたり、体調不良を訴える若者が急増したそうです。

それまで健康そのものだった19、20歳の若者が突然、大量に心臓発作を起こすなどあり得ません。そこでワクチンを調べたら、原因がそれだとわかった。それを他の軍医にこっそり話すと、「うちの隊でも同じことが起きている」「うちでも若者が倒れている」といった声が続々と聞こえてきた。

そこでワクチンの使用禁止を上官に求めると、彼は軍隊をクビになりました。話がロイド・オースティン国防長官まで伝わり、オースティン国防長官が将軍を通じて、彼を迫害したそうです。つまり真実を語れば、クビになる。ワシントンの一員である上層部の意向に逆らったり、意義申し立てをすると、排除されるのです。

結果、上官が聞きたいことを言う人ばかり階級が上がり、出世する。聞きたくないことを言うとクビになる。真実を語る人が軍からどんどん離れていて、イエスマンばかり残っているのです。

マックス なんでも「はいはい」と従う。

モーガン これをアメリカでは「上司のお尻をチュウチュウする」と言います。

マックス 「茶色の鼻」とも言います。

モーガン 上司のお尻をチュウチュウする人だけが出世する。2章でご紹介した櫻井よしこ氏のコラムに出てくる前統合参謀本部議長のマーク・ミリー氏が典型です。

マックス だからウクライナ戦争のような、大砲も軍用機も極めて少ないのにミサイル攻撃するといったことが起こるのです。一方のロシアは大砲も軍用機もたくさん持っているのだから、まさに自殺行為です。

本当なら、そんな作戦は拒否するべきなのに、誰も言わない。ワシントンの意向に逆らえない。「素晴らしい作戦です！」「やりましょう！」となるのです。それがアメリカの軍人たちです。だから日本は頼ってはいけない。

私が海兵隊として日本に初めて来たときも、ひどいリーダーはいました。いまはそれが、もっとひどくなっています。

アメリカで起きている独立への動き

マックス　こうしたアメリカに見切りをつけ、アメリカから独立しようという動きも出ています。２０２４年の大統領選挙に向けて、３月にテキサス州で共和党大会が開かれたときです。ここで誰を共和党の候補者にするかを決めるのですが、各候補者に対して、こんな質問がありました。

「テキサス州がアメリカから独立することについて、どう思いますか」。

テキサス州には、そのような考えを持つ人が少なくないのです。

モーガン　4割ぐらいが独立を支持していると思います。

マックス　これはテキサス州の人たちの危機感の表れです。日本人は周りを全部海で囲まれているから、国境という意識が希薄です。でもテキサス州は、ほんの1つの川でメキシコと隔てられているだけです。その川にしても、私の胸が浸かるぐらいで非常に浅い。だから簡単に歩いて渡ることもできます。

そこで国境に有刺鉄線を張り、その前に銃を持たせた州兵を立たせています。川を渡ってメキシコ人が勝手に入るのを防ぐためです。

テキサス州の言い分は、「入国したいなら、ちゃんと申請手続を行い、決められた場所から入りなさい」というものです。この方針をアメリカの南部や中央部を中心に25ぐらいの州が支持しています。これらの州もテキサス州に州兵を出し、2500人ぐらいで国境を警備しています。

連邦政府は国境に有刺鉄線を張ったり、州兵を置くことに反対しています。連邦政府の言うことを聞かず、25ほどの州が国境に州兵を立たせているのです。まさにアメリカの分裂の1つの始まりかもしれません。

モーガン　私もこれは大きな意味があると思います。とくにほかの州からテキサスに州兵を送っていることです。州兵は、州の境を越えないのが常識です。州の境を越える事柄については、連邦政府が司るからです。

それを破って、州を越えた。フロリダ州やルイジアナ州の州兵が、テキサス州に行くなんて聞いたことがありません。彼らはテキサス州を守るという以上に、アメリカを守りたいのです。フロリダ州のロン・デサンティス知事はアメリカを守るために約1000人の州兵を派遣すると発表しています。

連邦政府が「行くな」と言っているのに、フロリダ州やルイジアナ州から来る。南北戦争に近い状況を感じます。

マックス　前代未聞のことが起きている。テキサス州を中心に、新しい国ができるかもしれない。

このように、アメリカは自分の問題で手一杯です。日本を守るなんて、できるはずありません。もしできたとしても、自国の利益が最優先です。アメリカの利益になるなら、日本を守るかもしれない。でも利益にならないなら、逆に日本を叩くかもしれない。

モーガン　その利益も、アメリカではなく、あくまでワシントンの利益になるかどうか。

ワシントンの利益が、日米安保をどうするか、中国とのつきあいをどうするかの判断基準になるのです。

「反米保守」こそあるべき姿

マックス　日本の親米保守には、年輩の人がたくさんいます。彼らは、いまよりまともだった昔のアメリカ軍のイメージのままでいる気がします。劣化したアメリカ軍の現状がわかっていない。

モーガン　「わかっていない」というより、「わかりたくない」と思っているのかもしれません。

マックス　以前、動画配信サイトの『チャンネル桜』に出たとき、私がいまのような発言を親米保守の人にしたら、ものすごく怒っていました。アメリカの現状をリアルに伝える私の話を聞こうとしないのです。

モーガン　確かに年輩の人ほど、「アメリカは素晴らしい」という話をします。ただ、メディア関係者の多くは、ワシントン以外、ほとんど知らないのではないでしょうか。

マックス　そのとおりです。日本の親米保守は、ワシントンしか知らない。あるいはニューヨークやロサンゼルス、サンフランシスコといった大都会しか知らない。これらはワシントンやグローバリストの根拠地です。

モーガン　同じアメリカでも、南部を見ていただきたい。アラバマ州に行けば、ワシントンやニューヨークと全然違うことがわかります。

マックス　私は38年前に2年ほどニューヨークで暮らしていましたが、当時のニューヨークは大好きでした。一方でシカゴの北部にある、ウィスコンシン州のものすごい田舎に住んだこともあります。両者は暮らしぶりがまったく違います。

モーガン　年輩の親米保守の人たちは、やはりよい時代だったアメリカの、都会しか知らないように思います。それよりも私が期待できると思うのは、反米保守の人たちです。先日、韓国の人に「韓国に反米右翼はいますか？」と聞きました。答えは「聞いたことがない」というものでした。

でも日本にはいますよね。２０１８年に亡くなった西部邁《すすむ》氏や、宮崎正弘氏といった人たちです。反米だけど保守。これこそ、あるべき姿だと思います。

いままで思想的な分け方として、「親米」＝「反共」でした。これは「安保反対」＝

「反米」の副産物でもあります。でももう、その分け方に意味がなくなっているのではないでしょうか。

「反米」か「親米」かではなく、いまの日本では「ジャパン・ファースト」のみを基準にしたほうがいいように思います。「アメリカは素晴らしい」「アメリカに頼っていれば大丈夫」と考える年輩の親米保守の人たちの考え方は古すぎます。

親米保守の月刊誌を発行しているのはCIAの工作員か

モーガン　ただ親米保守の人たちに対しては、もう1つ疑っていることがあります。彼らの中にCIA（アメリカ中央情報局）のスパイがいるように思うのです。

2021年のノーベル平和賞受賞者2人のうち、1人はマリア・レッサというフィリピンのジャーナリストでした。彼女はニュースサイト「ラップラー」の創設者で、受賞理由は「民主主義と恒久的な平和の前提条件である表現の自由を守るための努力」となっています。でも彼女は私から見れば、完全にCIAの工作員です。

ラップラーはCIAが使っているナショナル・エンダウメント・フォア・デモクラシー

（全米民主主義基金）という基金から資金を得ています。ＣＩＡが直接払ったらマズいので、この基金を通じてお金を払っているのです。

日本でも同じようなケースがあると思います。たとえば最近の保守論壇誌には、ＣＩＡの工作員とのインタビュー記事がみられます。評論家の中にも、ＣＩＡから何らかの形でお金をもらい、日本国民に対しておかしな提言をしている人が多々見られます。全米民主主義基金と関係のあるジャーナリストもいます。

この人たちは、わかっていないのではなく、お金をもらってＣＩＡの書いた台本を読み上げているだけという気がします。

マックス　その話は説得力があります。彼らはアメリカの利益になる話ばかりしている。確かにＣＩＡが手を出している気がします。

モーガン　そうでなければ、普通の保守的な人間の考え方でいけば、辻褄が合わないからです。たとえば、もし私の故郷であるアメリカの南部に日本軍が居座っていれば、一刻も早く南部から追い出したいと考えます。どのような国でも、そう考えます。メキシコにアメリカの基地があれば、やはり出て行かせる努力をするでしょう。

たとえば基地の仕事をサボタージュする。基地に放火する。基地の人たちを困らせようと考えるはずです。それが日本では「米軍と協力しましょう」「米軍は日本のグローバル・パートナーです」などと言っている。おかしいでしょう。なぜ外国の軍隊を信用できるのか。

少なくとも基地は認めたとしても、「協力する」という発想はおかしい。そんな日本人は売国奴と同じです。

マックス　保守系論壇誌や新聞、自民党など典型的な保守の牙城が、じつは一番危ない。保守への影響力があるだけに、やっかいです。

アメリカのティーパーティ（茶会党）もそうですが、とくに政治家は従来の保守ではなくなっています。これから大事になるのは、どの政党に属しているかより、政治家自身を見極めることです。

見極める基準は、「日本のために動いているかどうか」。その基準で考えると、自民党の古い世代の政治家のほとんどはダメです。同じく野党も厳しいですが、中には自主独立を訴える議員がちらほらいます。

自民党でも若い世代には日本の自立を熱心に訴える人がいますから、両者は今の政党を飛び出して大同団結してほしいですね。

モーガン　ＬＧＢＴ法案に賛成した政治家もダメです。自民党政権はＬＧＢＴ理解増進法を通しました。こんな法律を通すのだから、とても保守とはいえません。

もう１つ、過激な意見を言わせてもらうと、親米保守の牙城となっている媒体や組織は、すべて整理したほうがいい。加えて「真実和解委員会」をつくり、アメリカをはじめ敵国に協力したのは誰かをはっきりさせる。

「真実和解委員会」は、その国における過去の過ちを公表・発見することで、現在も残っている過ちを解決するための組織です。アパルトヘイトについて設置された南アフリカ共和国の「真実和解委員会」をはじめ、アルゼンチン、エルサルバドル、カナダなど、さまざまな国に設けられています。アメリカや韓国にもあります。

日本の戦後80年間は、外国と協力する売国奴が国を支配する〝ヴィシー・ジャポン〟だった。それをはっきりさせるため、誰が何をやったのかを明記する。親米保守がどのようなことをしてきたか明らかにすることで、過去と決別し、日本が真の日本人として再出発すればいいと思います。「真実和解委員会」は、民間でも今すぐ誰でもができます。

第5章

「楯作戦」と「徴兵・徴農」で日本の国力をアップせよ

「楯作戦」で在日米軍基地を日本軍の基地に切り換える

マックス　これまで4章にわたり、日本を弱体化に向かわせているワシントン、グローバリスト、フェミニスト、親米保守という4つの勢力について議論してきました。ここからいよいよ日本がアメリカと決別し、真の独立国として歩むための施策を議論していきたいと思います。

最初に提案したいのが、「楯作戦」です。沖縄などにいるアメリカ軍をすぐに追い出すのは、現実的に無理です。とはいえアメリカが弱体化しているのは間違いありません。これを利用して、少しずつ追い出していく作戦です。

まず日本から、「日本は私たちが守ります」と宣言するのです。昔のローマ軍は右手に刀を持ち、左に楯を持って戦いました。このうち日本が「楯」を担うと宣言する。

国内問題などでゴタゴタしているアメリカに「日本が楯の役割を果たします」と言えば、喜んで承知するはずです。在日米軍の予算を減らし、じょじょにアメリカに引き上げていきます。空いた米軍基地を日本が利用するのです。

モーガン　米軍の兵士が減り、代わりに日本人が米軍基地に入る。そして米軍基地を日本の基地に切り換えていくわけですね。

「80年間、本当にありがとうございました。これからは私たちが自分で日本を守ります。どうぞお帰りください」

と言えばいい。日本は主権国家ですから「帰ってくれ」と言う権利があります。アメリカ軍に帰ってもらう一方、日本は軍備を増強していく。これによりロシアは北方領土を返すかもしれません。最終的に日本が核兵器を大量保有し、ロシアを威嚇できるようになれば、交渉しだいで返してくれる可能性があります。

マックス　ただ北方領土の場合、すでに日本人は住んでいません。住んでいるのはロシア人だけです。すでに北方領土がふるさとと言うロシア人も、たくさんいます。だから、返せというより、日本とロシア共有の土地にすればいい。そしてロシア人は北海道に自由に行けるようにして、日本人はウラジオストクやサハリンに自由に行けるようにするのです。

モーガン　でも、それだとロシア人は、その取り決めを悪用する気がします。彼らは狡賢いから。

マックス　確かにそうです。そこはもう少し考える必要がありますね。

ハワイの米軍基地にも楯作戦で入り込む

マックス　じつは楯作戦には、もう一つプランがあります。ハワイの米軍基地に、自衛隊を派遣するのです。いまハワイは中国に対して、ある意味、無防備な状況にあります。ハワイを守っているのは、西海岸にある太平洋艦隊です。メインの基地はカリフォルニア州のサンディエゴにあり、このサンディエゴの基地の防衛能力が、かなり怪しいからです。カリフォルニア州の治安が、極めて悪化しているからです。

それを象徴するのが、ロサンゼルスとサンフランシスコの荒廃です。治安の悪化が進み、企業がどんどん撤退しています。とくに街中が顕著で、まさに真空状態です。犯罪集団に支配されるようになっています。

モーガン　ロサンゼルスは２０２２年に、貨物列車の強盗事件が急増しているとマスコミでもずいぶん騒がれました。

マックス　ロサンゼルスを走る列車は、ある区間に来ると速度を落としたり停止したりします。そこを狙って貨物列車に乗り込み、コンテナを開けて中の物を盗むのです。段ボールを開けて、金目のものだけ持ち帰る。線路脇には捨てられた段ボールやゴミが散乱し、これによる脱線事故も起きています。

犯人は黒人だから、警察も捕まえない。ロサンゼルス市の警察官は、黒人の味方です。アメリカの大手鉄道会社のユニオン・パシフィックは、もうこの一帯は運行停止もあり得るといった発言をしています。

こうした事件が増えると、いずれ港でも同じようなことが起こります。そこから港湾が使えなくなる可能性もあります。サンディエゴの軍港も同じです。サンディエゴの基地も基本的に腐っていますから、どこまで守れるかわかりません。

そこで日本が「ハワイを守るため」と称して、自衛隊を派遣するのです。

モーガン　すでにハワイ沖では、日米の合同訓練が行われていますね。

マックス　これをさらに踏み込む形で、ハワイ自体を守る合同訓練を行うのです。2024年に岸田首相が訪米した際、アメリカの軍艦を補修する際、横須賀の基地を使うことでバイデン大統領と合意しました。実際は以前から行っていましたが、今回初めて明文化された格好です。

日米両軍の接近ぶりを考えれば、こちらの楯作戦も考えられない話ではありません。ハワイには海軍も空軍も陸軍もありますが、全体的に弱くなっています。そこでアメリカのメンツを守る形で、日本が協力するふりをしながら、実質的に日本がハワイ防衛の主導権を握るようにするのです。

またハワイの楯作戦ではもう一つ、外国人部隊の起用も行います。ハワイ防衛にあたり、日本からは護衛艦や軍用機、さらに歩兵も投入します。この歩兵部隊にベトナム人を使うのです。

モーガン　ベトナム人は日本にたくさん来ていますね。

マックス　いま日本はベトナム人を「技能実習生」という名目で、たくさん受け入れています。彼らの中には、過酷な環境で低賃金で働かされ、研修先から逃げ出す人もいます。その中には窃盗を働く人もいて、栃木県や群馬県などで問題になっています。農家から果物を盗み、東京に売ったりするのです。

でもベトナムは日本にとって、軍事的に非常に大事な国です。中国との戦いを考えたとき、すでに述べたようにアメリカはあてにできません。北はロシアと組み、南はベトナムと組んだほうがいい。それなのに技能実習生の問題でベトナムとぎくしゃくするのは、得策ではありません。

そこでベトナム人に技能実習生ではなく、日本の陸軍に入ってもらう。自衛隊ではなく、ハワイ防衛のための陸軍をつくり、そこにベトナム人を入れるのです。そして彼らをハワイに派遣する。

1個連隊をハワイに派遣し、部隊を3つに分ける。3つの部隊のうち2つは日本人、1つはベトナム人の部隊にする。1個連隊は3000人ですから、日本人が2000人、ベトナム人が1000人といった具合です。

ベトナム人には1、2年ハワイで勤務したあと、本国に帰ってもらいます。勤務報酬として、ベトナムで家を建てたり、農地を買ったり、小さな店を持てるぐらいの額を渡す。これなら実習先を逃げ出して窃盗を働く人はいなくなり、ベトナムとの縁も守れます。アメリカも、中国からハワイを守ることができます。

中国と戦ったベトナムの覚悟

モーガン　面白いアイデアです。いずれにせよ日本は、もっと狡賢くなる必要があると思います。日本はよく「国際法を重視する」と言いますが、国際法なんて本当はありません。国際法はただのおとぎ話で、あるのは力のみです。

「あの土地が欲しい」と思ったとき、奪ったらそれが自分の土地になる。それが国際法です。北方領土を返してほしいなら、力で奪い取るしかない。南シナ海を見ればわかります。フィリピンは「法的に自分たちのものである」と主張していますが、中国は無視しています。力で支配すれば、自分のものにできると知っているからです。

マックス　フィリピンの軍事力が弱いからです。いまのフィリピンは戦闘機を持っていません。２００５年に最後の戦闘機が退役して以来、輸送機があるぐらいです。軍艦も、かなり老朽化したものが少しあるだけです。

モーガン　中国はそれをわかっているから、やりたい放題なのです。

マックス　ベトナムの場合、いちおう潜水艦があります。中国と戦っているから、強い陸軍も持っています。そもそもベトナムは、アメリカに勝った国です。

モーガン　ベトナムのホーチミンにある軍事博物館に行ったことがあります。面白い展示物がたくさんありました。アメリカとの戦争に関する展示はもちろんですが、中国との戦争に関するものもありました。ベトナムはかなり以前から中国と戦争していて、「我々のほうが中国に勝った回数が多い」といったことも書いていました。

マックス　20回以上は勝っています。だから日本は、ベトナムと組めばいいのです。楯作戦でハワイにベトナム兵を送るというのも、そのためのアイデアです。

モーガン　ベトナムは「自分の国を絶対に守る」という意識が強いです。「中国人が入ってきたら殺す」という覚悟を持っている。格好いいと思いました。

マックス　私はベトナム戦争の世代ではありませんが、海兵隊にいたとき半分ぐらいはベトナム戦争の経験者でした。当時ベトナムの空を飛ぶ軍用機はアメリカのものだけで、空爆により大勢のベトナム人が死にました。でもアメリカに勝ったのです。

モーガン　自転車などを使いながら。

マックス　自転車で武器を運びました。

モーガン　ベトナム人を大量虐殺すれば、ベトナムが降伏するとアメリカは思っていました。でも、まったく違った。ベトナム人は非常に粘り強く、大量虐殺されても諦めなかった。

ただベトナム戦争を考えるとき、忘れてならないのは、アメリカ軍は日本の基地を拠点にしたということです。

マックス　沖縄の嘉手納基地から軍用機が飛びたち、ベトナムを空襲したのです。

モーガン　大東亜戦争で、日本はアジアの解放のために戦いました。ところが敗戦してアメリカ軍が居座りだすと、アジア人の大量虐殺に利用された。それが日米同盟の現実です。日本が大東亜戦争で持っていた素晴らしい大儀が完全になくなり、アメリカが日本を使ってアジアで大量虐殺を行った。これは日本にとって、大きな歴史的汚点です。同じことを繰り返さないために、やはり在日米軍は帰すべきです。

〝徴兵〟〝徴農〟で軍事力強化と労働力不足を解消する

マックス　日本が独立国として歩むうえで、もう1つ提案したいのが〝徴兵〟です。これからアメリカとの経済トラブルが増え、倒産する日本の会社は増えると思います。そこで失業する人たちを自衛隊に入れるのです。あるいは田舎に行って、農業に従事してもらう。同時に、自衛隊の予備兵にもなってもらう。

いま自衛隊の予備兵は、1万5000人ぐらいしかいません。〝徴兵〟と〝徴農〟で、かなり増やすことができます。

モーガン　これもいいアイデアです。自衛官だけでなく、田舎に派遣して農業をやってくれる人を増やすことで、食料自給率を上げることもできます。

マックス　さらに失業した人たちは、介護職にも就いてもらいます。私は足が少し不自由ですが、外国人に介護されるのは不安です。とくに薬です。似た名前の薬が多いので、ちょっと読み間違えただけで、大変なことになりかねません。

モーガン　薬の名前は、似たようなカタカナが多いですから。外国人の中にはカタカナの見分けがつきにくく、間違える人もいるかもしれません。

マックス　死ぬことだって、あり得ます。また日本には、引きこもりの人が150万人ぐらいいます。彼らにも、自衛隊や農業や介護の現場で働いてもらう。さらに大学を出た人にも2、3年ほど、これらの仕事に就いてもらう。引きこもりの人や大学を卒業したばかりの人を、もっと国のために活用すればいいのです。

いま日本の自衛官は、23万人ぐらいしかいません。彼らを活用することで、これを最終的に45万人にする。潜水艦もいまは20隻程度しかありませんが、60隻にする。

モーガン　大賛成です。「2024年問題」という言葉があります。少子高齢化の進展による、労働力不足の問題です。そのための新しい仕組みづくりが必要といわれますが、解決方法として出てくるのは、移民の大量受け入ればかりです。

本当はまだまだ働ける日本人がいるのに、あえて足らないイメージをつくっているのです。「働き方改革」と称して労働時間を減らすのも、移民を大量受け入れするための口実としか思えません。安い労働力が欲しい企業も、それに乗っかっているのです。

いまも安い労働力欲しさに、イラン人やクルド人などを大量に受け入れています。これを続ければ、企業は儲かっても社会が壊れていきます。いずれ大問題に発展します。

マックス　私は工事現場で7年ほど働いたことがあります。展示会大工を5年、コンクリートの型枠引きを2年やりました。

今、クルド人が解体の仕事をしています。彼らは低賃金なうえ、危険な場所でも安全防具なしで働かされているようです。解体現場では本来、アスベストから目を守るために特種なゴーグルや作業服が必要です。でもそれを支給しないのです。つまり彼らは企業に使い捨てにされているのです。

政治家もそれをわかっているのに、クルド人の受け入れを支持するなどと言っている。彼らは日本の政界や財界に利用されているのです。そのような仕事はさせないようにしなければなりません。

外国人の大量受け入れは日本文化を崩壊させる

マックス　移民問題の解決は日本にとって、喫緊の課題でもあります。いま日本では、クルド人による新たな外国人問題が起きています。

モーガン　「アラーが怒る！」などと言って。

マックス　クルド人の多い埼玉県川口市では、彼らの排斥を訴えるデモも起きています。クルド人については、ジャーナリストのマイケル・ヨン氏がXに投稿した話が参考になります。彼はイラク戦争でクルド人と一緒に戦ったこともあり、クルド人に親近感を抱いています。

彼らがアメリカに住むなら、うまくやっていくだろうとも言っています。でも日本に住むとなると、要注意だと。

彼らは極めて部族的で、自分たちの国を日本の中でつくろうとするからです。

モーガン　それは大きな問題です。いまアイルランドでは、アイルランドでの大量移民の受け入れの中止を求める大規模デモが起きています。「アイルランドはアイルランドのためにある」というわけで、これは当然の要求です。日本も日本人のための日本であり続けていただきたい。

いまのアメリカやカナダは、移民があまりにも増えすぎた結果、もともとの部族の塊同士になってしまった。そのため「自由」「平等」といった、建国の理念が希薄になっています。いま起きている反ユダヤ人デモのような、民族自体を非難するデモは昔ならあり得ませんでした。

マックス　アメリカに来れば、誰もがアメリカ人です。アメリカ人になった以上、以前の「お前はユダヤ人」「私はパレスチナ人」ではなく、「みんなアメリカ人」というのが、これまでの意識です。「私はインドから来た」「私はメキシコから来た」などとみんなが言い出せば、バラバラになって社会が成立しなくなります。

モーガン　そういうことです。日本は特別な文化、特別な伝統と歴史のある国です。アメリカのような概念的な国ではない。この列島で何万年も時間を重ねて、日本独自の文化を築いてきました。そこへ大量の外国人が入ってきたら、日本文化が壊れてしまいます。

マックス　これが数人なら、日本に合わせることもできます。日本語を覚え、日本の習慣に従って生活する。それならいいのですが、大量に来ると自分たちの権利を主張するようになります。それは「特別扱いしろ！」ということです。認めてはいけない。

モーガン　大量の外国人が来るのは、その国の問題を日本に輸入することでもあります。あらゆる外国の問題が、日本に持ち込まれてしまう。日本に来たイスラエル人とパレスチナ人が、東京でバトルするといったことも起こるでしょう。

マックス　２０１５年には在日トルコ大使館の前で、クルド系トルコ人グループとトルコ人グループが乱闘する事件も起こりました。トルコで行われる総選挙をめぐる対立によるものです。まさにトルコでやることを日本国内でやっている。このときは１００人以上が殴り合いのケンカをして、ケガ人も10人以上出ました。

モーガン　外国人が増えるほど、そういう事件が多発します。在日朝鮮人問題も、根は同じです。彼らはその気になれば、日本国籍を取って日本人になれます。でも、あえてならない。自分のアイデンティティを保ちたいからです。

気持ちはわかりますが、アイデンティティがそれほど大事なら北朝鮮に帰ればいい。日本にいるなら、日本国籍をとるべきです。そして日本を大切にする。日本に住みながら自分のルーツを強調すれば、日本という国がなくなってしまいます。

マックス　私のルーツはドイツ人で、ドイツ語も話せます。でもアメリカでは、アメリカ人としてふるまいます。日本でも、毎日日本人のような行動をしています。

モーガン　いまマックスさんが持っているラペルピンにも、日の丸がついています（笑）。ドイツ人のルーツを持っているけれど、日本を愛している。それが大事なのです。

マックス　アメリカ人は、よく自分の権利の話をします。彼らが何を言いたいかというと、どこかで自分を特別扱いしてほしいのです。もちろん権利を主張してもいいですが、同時に社会に対する責任を持つことも重要です。このことを日本人もわかっていないと、日本の素晴らしい文化や伝統、国民性、すべてを失います。

若者を地方に行かせれば少子化対策にもなる

モーガン　一方でマックスさんが言われた、卒業したばかりの人を徴兵したり、農業や介護職に従事してもらうアイデアは、少子化対策にもなるように思います。とくに農業や介護の仕事に就いてもらう話は、都会の人たちを地方に行かせることでもあるからです。

地方から東京や大阪など大都市に出てきた人が、地方に戻って働く。これで子どもの数も増えると思います。

若者が子どもをつくらない理由は、お金がないからとよく言われますが、少子化の原因はお金だけではありません。それ以上に大事なことが2つあり、1つはプライドの問題です。

このところ、「日本人はダメだ」という話をよく耳にします。「日本は国力が落ちている」「日本は世界と比べて遅れている」などと言われるケースが増えている。そこから若者が、日本や自分自身に対する自信や誇りを失っている。その結果、成功する将来像を上手く描けないから、「子どもをつくりたくない」と思う人が増えているように思います。

もう1つの理由は、多くの若者が東京をはじめ、都会に住んでいることです。都会のような狭いところに住めば、子どもの数が少なくなるのは当然です。広々した田舎に住めば、子どもをたくさんつくろうという気になりやすくなります。

子どもが5、6人いても、田舎なら外で遊ばせる場所に困らない。母親の負担も、都会に比べればずいぶん減ります。田舎に戻って子どもをたくさん産み、さらにちゃんとした歴史を教える。「日本は素晴らしい国です」「日本は素晴らしい歴史を持っています」と教育すれば、人口は自然に増えていくと思います。

学校の先生も、まずは〝徴兵〟体験を

マックス　さらに、卒業したばかりの人を自衛隊や農業、介護職に就かせれば、学校の先生の生徒へのセクハラも減らせるように思います。セクハラをする教師には、若い人も多いです。ある意味、仕方ない話で、まだ24、25歳ぐらいの男性が、女子中学生を教えることに無理があるのです。

中学生ともなれば、女性らしさも出てきます。そんな子から、かわいい顔で「先生！」と呼ばれれば、その気になってもおかしくありません。20代前半なんて、まだまだ子どもです。

大学を出てすぐ教師になるのではなく、2年ほど別のところで働いてもらう。そうなると精神的にも成長し、生徒に対する責任感も出てきます。セクハラのような問題も起こりにくいはずです。

私は日本の学校で、英語の教師をしたこともあります。初めて学校に行ったとき、大学を出たばかりの先生がいることに驚きました。私は軍人の経験もあるし、工事の仕事もし

たことがあります。いろいろな経験を積めば、自然に責任感も生まれます。経験を積むほど、勉強だけでなく、正しい生き方も教えられます。

モーガン　教師によるセクハラの問題は、日本で縦の関係がなくなっていることも関係しているように思います。私の知り合いの子どもは幼稚園の先生を「先生と呼んじゃダメ」と言われているそうです。「真理先生」「林先生」ではなく、「真理さん」「林さん」と呼ぶ。要は先生と生徒は友だちで、平等な関係であるというわけです。

でも、それは違うと思います。私は大学で教えていますが、生徒が私を「モーガン」と呼ぶことがあります。先生に対して呼び捨てなんてあり得ません。「モーガンと呼ぶな！大学の先生に対しては、モーガン先生と呼びなさい」と注意しますが、彼らは「大学の先生も友だち」という感覚なのですかね。

この感覚は大間違い。きちんとした上下関係がなければ社会は成り立ちません。先生と生徒が友だち感覚なら、生徒を性の対象として見る先生が出てもおかしくない。そこからセクハラの問題も起こるのではないでしょうか。昔みたいに、先生は絶対的に強い立場であることが大事です。

マックス　そう思います。

モーガン　その意味で、体罰もけっして悪いものではありません。私はテネシー州の田舎の高校に通っていて、当時は体罰が当たり前でした。先生の中には「体罰が楽しい」と公言する人もたくさんいました。「今日は誰をやってやろう」という感じです。でも体罰も含めて厳しくしつけられたおかげで、グレなかった生徒はたくさんいたと思います。

たとえば生徒が授業中に内職していると、「お前、前に来い！」と言って、自分の足首をつかませる。お尻を突き出させて、そこを「バンッ！」と大きな板で叩くのです。高校生の男の子はいろいろ悪さをしますから、こうしたしつけは、しっかりやるべきだと思います。

また私の父は、私が言うことを聞かないと、自分のズボンのベルトを外してテーブルの上に置きました。そしてお互い睨み合いながら、根性比べをするのです。このとき私は目下として、すぐに父に謝りました。このような節度を持った関係であることは大切だと思います。

マックス　私の高校時代には、印象的だった先生がいました。代数の先生で、アメリカンフットボールのコーチも務めていました。私が授業中に寝ていると、私の頭に黒板消しを投げるのです。アメフトで鍛えているから、その先生が投げると必ず当たる（笑）。

私は数学が苦手ですが、黒板消しを投げられるのが怖くて、その先生の授業だけは熱心に受けました。おかげでほかの教科は全然ダメなのに、代数だけはいい点数を取っていました。

モーガン　それは、いい先生です。

マックス　先生と生徒は平等ではない。先生は先生で、生徒よりも偉い。日本語の「先生」は、すごくいい言葉だと思います。

いまの日本では、体罰は「絶対ダメ」となっています。そんなことを言う人には、アメリカの学校を見せればいいのです。アメリカに住んでいる私の友人の日本人は、自分の子どもが通っている学校が、いかにおかしいかをフェイスブックにアップしていました。「こんな学校で何を学べるのか！」と。学校がそんなありさまだから、おかしな人が多いし、犯罪も増えるのです。

モーガン　学校から体罰をなくせば、そんな社会になるのです。

マックス　ここにSNSにアップされた、二つの写真があります。一つは東京の街中。大勢の人が歩いていて、街並みもきれいです。もう一つはサンフランシスコの街中。こちらはホームレスのテントだらけです。

モーガン　サンフランシスコの写真がひどいです。人糞も散らかっています。

マックス　それでいまサンフランシスコでは、ペストなど中世の病気がはやっているのです。

モーガン　「どちらがいいですか」という話です。

第6章

本当の歴史を伝え、「素晴らしい日本人」を取り戻せ

寺子屋の復活で子どもたちに本当の歴史を教える

モーガン　第5章で、子どもにちゃんとした歴史を教え、「日本は誇らしい国」「日本人は素晴らしい歴史を持っている」と伝えることが大事といった話をしました。子どもの頃からそうした教育を行い、日本人としての自信や誇りを持つようにする。そうなれば、子どもをつくりたいと思う若者が増え、少子化問題も解決します。

そこで本章では、歴史教育の重要性やどのような歴史を教えればいいかなどについて議論したいと思います。

マックス　日本には素晴らしい歴史があります。ある出版社の社長から聞いたのですが、日本文明は縄文時代を含めて2万年になる。2万年かけて、少しずつ文明の形ができていった。一方でアメリカの歴史は、260年ほどしかありません。

モーガン　私の考えは、少し違います。アメリカの歴史もインディアンの時代から考えれば長いと思います。ところがそれを否定し、イギリスからの独立宣言をした1776年を建国の年としている。これは間違いでアメリカの歴史は、本当はもっと長いのです。

一方、日本の歴史は、アメリカより短いと言えかねないのです。いまの日本は、第二次世界大戦で敗戦し、GHQに支配された1945年9月から始まっているともいえます。それまでの日本がなくなり、アメリカにつくられた新しい国になった。つまりアメリカより若く、歴史的に浅いのです。

だから歴史のベースがない。本当は1945年9月ではなく、2600年前から始まるのに、そのような意識がないことが問題のように思います。

確かにご先祖様を敬い、そこから悠久の歴史に思いを馳せる人もいます。とはいえ過去の歴史をないものとして、否定する人もいます。江戸時代以前の日本は、自分とは無関係と思っている人も多い気がします。

マックス　左翼のように明治時代から戦前にかけての日本は帝国主義で、他国を侵略したと否定的に捉えている人もいます。

モーガン　歴史は、ただの昔の話ではありません。昔からの積み重ねで現在があるのに、両者のバランスが取れていないのです。たとえば保守派で知られるアメリカ人のある評論家と話したときも、そんなことを感じました。

彼はGHQが日本に施した「ウォー・ギルト・インフォメーション・プログラム（戦争

に関する罪悪感を植えつける宣伝計画）」を批判しています。このプログラムでアメリカは、日本を洗脳しようとしたからです。この批判はまったく正しい。仰る通りです。ところが現在のアメリカについては、あまり批判しません。

アメリカはいまも実質的に日本を占領しています。ところが日本人の多くはワシントンや親米保守らに洗脳され、そのことに気づいていない。ＧＨＱが行った洗脳を批判するなら、なぜいまのワシントンや親米保守を批判し、日本は洗脳を解いて、独立すべきと言わないのか。

昔のことを知識として知るだけではなく、現在にも照らし合わせて考えることが必要です。そうした歴史教育を施すうえで、私が提案したいのが寺子屋です。江戸時代の寺子屋のような教育を復活させるのです。

仕事をリタイアしたおじいさんたちが、近所の子どもたちを集めて本当の歴史を教える。リタイアした人たちを先生にするなら、寺子屋はいますぐにでも始められます。学校ではプロパガンダを教えているので、神話も含めて、本当の歴史を教えるのです。

日本への空襲は軍事的に無意味だった

マックス　とくに大東亜戦争について、しっかり教えてほしいですね。日米開戦は日本の真珠湾攻撃によって始まります。そこから日本が悪者のようにいわれますが、一方でアメリカは広島や長崎への原爆投下、東京大空襲などで一般のおじいちゃん、おばあちゃん、女性、さらにいえば犬や猫もみんな殺しました。はたして、どちらがひどいのか。

モーガン　いまだにあの原爆投下を正当化しようとしている人々は、アメリカに大勢います。私の知人にもいます。「原爆投下をしなければ、戦争が終わらなかった」「真珠湾攻撃を受けたのだから、原爆投下するのは当然」とか。そんな言い分を、真に受けてはいけません。駐日アメリカ大使ラーム・エマニュエル氏が長崎市での平和祈念式典を欠席したのは、ワシントンの本音です。

マックス　「南京大虐殺はなかった」ということも、しっかり教えてほしい。南京で大虐殺など起きていません。第二次世界大戦で行われた大虐殺といえる戦争犯罪は、２つです。

1つは、もちろんドイツのユダヤ人虐殺。ドイツはユダヤ人だけでなく、ジプシーやゲイなど、自分たちが嫌いな民族や集団も虐殺しました。そしてもう一つが、アメリカの日本への空襲です。

アメリカによる日本への空襲は、本来は不要なものでした。それをすることになったのは、アメリカ極東陸軍の司令官だったダグラス・マッカーサーの陰謀です。

開戦初期に日本がフィリピンからアメリカを追い出した時点で、アメリカ陸軍の仕事はなくなりました。日本と戦うには、海兵隊と海軍だけで十分でした。当時のアメリカに空軍はなく、陸軍が戦闘機も持っていました。そこで戦闘機を使い、太平洋における陸軍の影響力を残そうと、マッカーサーが「陸軍の戦争」と「海軍の戦争」という2つの戦争をつくりだしたのです。

「陸軍の戦争」は東アジアからフィリピンまで、「海軍の戦争」は太平洋といった具合です。本当に必要なのは太平洋だけですが、マッカーサーとしては2つの局面で必要という形にしたかった。そして戦闘機を持つ陸軍が、日本を空襲したのです。

日本を空襲することに軍事的意味はありません。勝ちたいなら、日本の産業を止めればいいだけです。海軍によって貨物を積んだ船を沈没させ、南方からの資源が行かないようにすれば、日本は戦争を継続できません。そのことはアメリカもわかっていました。にもかかわらず、民間人を残酷な方法で殺したのです。

日本を空襲するにあたって、アメリカはネバダ州に日本を模した村をつくって実験を行っています。より効果のある殺し方をするためです。そのうちの一つが、コウモリ爆弾です。生きているコウモリに、タイマー付きの焼夷弾を結びつける。それを大量にケースの中に入れ、昼間のうちに落とすのです。

ケースが割れて中から出てきたコウモリは、昼間は暗がりに隠れます。夜になればあちこちを飛び回るので、その頃に焼夷弾が爆発するようタイマーをセットしておくのです。そうして村を焼き払おうというわけですが、現実にコウモリ爆弾は使われませんでした。なぜなら実験の途中で、ネバダ州にあった基地が燃えてしまったからです（笑）。

モーガン　コウモリが基地にも飛んできた（笑）。

マックス　実験の失敗を知られたくないので公表していませんが、いろいろ調べていくうちに知りました。いずれにせよマッカーサーが陸軍の存在意義をアピールするために、軍事的には意味のない、日本の民間人を焼き殺すという残酷な作戦を立てたのです。

モーガン　こういう話をもっと日本人に伝えるべきです。

マックス　また開戦初期の海軍力は、日本のほうが断然上でした。それが戦争を続ける中で、アメリカの海軍力のほうが強くなるのです。日本は軍用機が落ちてパイロットが多数死んだり、軍艦が沈没しても新しくつくらない。一方でアメリカは新しい軍艦をどんどんつくりました。

とくに空母は、日本は雲龍クラスの大型空母が数隻ありましたが、乗せる機体がなかった。これに対しアメリカは、30隻の大型空母を持っていました。中型、小型の空母もたくさんつくり、小型は300隻ぐらいありました。

それでも日本の海軍は健闘しました。開戦時のアメリカの海軍長官だったフランク・ノックスは、当初は半年で日本に勝てると考えていました。ところが日本は4年近く戦いつづけた。そこまで粘り強く戦う日本人に対し、アメリカ人は恐怖心を抱いたのです。

とくに特攻隊です。国のために自分の命を犠牲にする。なぜそんなことができるのか、アメリカ人にはわからない。このときの恐怖心が、アメリカ人の中にいまも残っているのです。

特攻隊は日本人にとって「純粋な贈与」

モーガン　アメリカ人の中には、日本の特攻隊をファシズムの一種とかタリバンの自爆テロと同じなどと解釈する人も多くいますが、まったく違います。

屋繁男先生のエッセイで知ったのですが、マルセル・モースというフランスの人類学者が書いた『贈与論』という本があります。過去の歴史を調べ、文化における贈与の役割について書いたものです。

屋先生はそれを読み、特攻隊はモースの唱える「純粋な贈与」と思ったそうです。要は、見返りを求めない。ただ相手に差し出すだけ。これは日本人にとって、当たり前のことです。特攻隊も同じで、日本人にとって特別なことではない。当たり前のことなのです。

日本人は毎日、周りの人たちのために自分を犠牲にしています。たとえば私が21、22歳で初めて日本に来たときです。「どこに食べに行きたい？」と聞かれ、私が「牛丼を食べたい」と言うと、相手は自分が中華を食べたいと思っていても「一緒に牛丼を食べに行こう」と言います。

あるいは本当は中華を食べたいのに、「自分も牛丼が食べたい」と嘘をついて一緒に食べに行く。これが日本の常識です。

こんなことは、アメリカではあり得ません。「あなたは牛丼が食べたい。私は中華が食べたい。じゃあ別々に食べよう」となります。

マックス　私も似たような経験をしています。海兵隊として初めて日本に来たとき、基地が山口県にあったので、よく広島に英会話を教えに行きました。英会話を学ぶクラブがあり、終了後はみんなで食事に行くのですが、店が決まるまでに本当に時間がかかりました（笑）。一人一人に何を食べたいか聞いて回るからです。

ただ私が「これが食べたい」と言うと、「じゃあそれにしよう」となるので、自分から言わないようにしていました。だから本当に時間がかかった。

モーガン　周りの人の気持ちを察しながら、どこがいいか決めていく。それを日本人は普通にできますが、アメリカ人にそうした発想はありません。特攻隊も、その延長線上にあります。当たり前に、自分を犠牲にできるのです。

マックス　アメリカ人も本当に追いつめられたら、できると思います。国を守ることは、家族を守ることと同じだから、最後は自分の命を捧げるしかない。ただアメリカ人は国のために命を賭けるような、大変な経験をしたことがないのです。

モーガン　犠牲は英語だと「サクリファイス」です。西洋におけるサクリファイスは、必ず見返りを求めます。唯一の例外がイエス様で、完璧なサクリファイスを成し遂げました。人類のために見返りを求めず、純粋に犠牲になった。

日本人はみんなが純粋な贈与ができる文化を持っている。アメリカ人にこれはまったく理解できません。

マックス　だから歴史の本には「特攻は命令により強制的にやらされた」と書かれています。

モーガン　そうではない。日本人にとって当たり前のことをやっただけです。

誰もが英雄になれるのが日本人

モーガン　特攻隊について、フランス人が書いた面白い本があります。カミカゼ、つまり特攻を最初に始めたのは、アメリカ軍かもしれないというのです。

あるアメリカ人の兵士が空母から飛び立ち、敵である日本軍の空母を捜していた。ところが見つけたときには、戻るだけの燃料が残っていなかった。そこで自分の使命を果たすため、空母に突撃した。それがカミカゼの始まりというのです。

でもこの兵士は飛び立つとき、そんなつもりはなかった。本当は無事に帰艦したかったけれど、それが無理だから突撃した。そういう勇敢な人がアメリカにもたまにいて、彼らは英雄と呼ばれます。でも日本では、それがごくわずかの英雄ではなく、誰もができるのです。

マックス　それを見てアメリカ人は恐れたのです。

モーガン　私の祖父も、特攻隊の攻撃を見ています。空母に乗っていたら、隣の戦艦が特攻隊の攻撃にあった。「これほど恐ろしい光景は見たことがない」と言っていました。戦艦に突撃するときは、戦艦からも対空砲がダダダダッと飛んできます。普通なら当たらないように、弾を避《よ》けて飛びます。

ところが日本人は、まっすぐ突っ込んで撃沈するのです。つまり純粋な贈与ができる国民。西洋ではイエス様一人しかできないことを誰もができるのです。

カトリックの日本人の友だちが、面白いことを言っていました。イタリアの女性ジアンナ・ベレッタ・モッラが妊娠中に、がんが見つかった。手術をすれば、赤ちゃんは助からない。「どうしますか?」と聞かれ、彼女は手術をせずに赤ちゃんの命を選んだのです。自分の命を犠牲にしてでも、赤ちゃんを助ける。その後、彼女は聖人になったのです。

でも私の友だちに言わせると、「日本の母親はみんなそうだ」と。赤ちゃんのために自分の命を犠牲にするのは、日本の母親にとっては当然のことなのです。そうであれば日本の母親は、アメリカ人から見るとみんな聖人です。もちろん例外はいますが、多くの日本の女性はそう考えるのです。

日本人は自分たちがそうだから、西洋人も同じだと考えていますが、全然違います。特攻隊にしても、アメリカ人から見るか、日本人から見るかで、考え方がまったく違ってくるのです。

マックス 空襲によって、自分の故郷や家族が危険な目にあっている。ならば命を犠牲にしてでも守るしかない。これが日本人の発想です。

モーガン アメリカがあまりにも残酷な国だから、「自分の親や祖母を狙うアメリカを許しがたい」という気持ちもあったと思います。

敵味方に関係なく戦死した兵士を敬う日本の文化

マックス　靖国神社についても、もっと教えるべきです。アメリカ人の8割は、日本の首相や天皇陛下の靖国参拝に批判的です。でも保守系には、理解している人もいます。そうした話も伝えてほしい。

モーガン　戦死者への参拝については、アメリカの南部の人間も日本人と同じような目にあっています。私たち南部の人間は、南北戦争で戦死した人たちの墓に参ることを禁止されている状況に近いのです。墓参りすれば「お前たちは奴隷制度を復活させたいと思っている」などと言われてしまう。「南北戦争で南軍が勝てばよかったと思っているのだろう」というわけです。

マックス　南北戦争で戦死した人は、アーリントン墓地に埋葬されています。ただし南軍の兵士の墓を参ることは禁じられているのです。

モーガン　柵があり、特別な許可がなければ入れない。ウィスコンシン州にも南軍の兵士の墓がありますが、やはり柵があって入るには特別な許可が必要。ワシントンにとって敵方の兵士が埋まっているからです。

マックス　アメリカの陸軍の施設には、ノースカロライナ州の「フォートブラッグ」やテキサス州の「フォートフッド」など、南軍の将軍の名前を付けたものがありました。いまはそれが全部なくなっています。

１９６０年代頃に南部と北部で和解しようという運動がありましたが、いまはこれもありません。南部の人間は、黒人を奴隷にしていたから悪者。和解は南部を許すことになるというわけです。

モーガン　私が日本で靖国神社に参拝するのは、南部の人間としてのアイデンティティからでもあります。だから私は、会津若松も好きです。戊辰戦争で負けて、以後ずっと賊軍としての扱いを受けた。彼らの気持ちがまったくわからないとはいえない。そして靖国には、日本人でなく南部の人間として参拝しています。会津若松の戦死者も思い起こしながら参拝します。

マックス　私の靖国参拝は、たいてい8月です。

モーガン　「祖国のために戦ったあなたたちを尊敬します」と言いたい。

マックス　私の先祖も、南北戦争でひどい目にあっています。私は北部の生まれですが、先祖はドイツからアメリカに来て、南部で船を降りたら「軍隊に行きなさい」と言われた。

モーガン　徴兵ですね。

マックス　北軍の将軍にはドイツ語しかわからず、英語が通じない人もいたそうです。どこかの隊から英語で命令が来ると、まずそれをドイツ語に訳した。移民の国だから、そういうこともありました。そんな話をして、私が「先祖が南軍だった」と言うと、いまは「差別主義者」と言われてしまうのです。

モーガン　「レイシスト」とか「奴隷を持ちたいのか」とか、バカなことばかり言われる。南軍であれ北軍であれ、命を賭けて戦ったことは尊敬すべきです。だから私はドイツ軍の人びとも尊敬しています。ロシアの共産党が自国に入ろうとしたとき、命を賭けて戦った人たちです。

敵味方に関係なく、戦死した兵士を尊ぶ文化が日本にはあります。亡くなった人は、みな平等。死ねば終わりで、もう憎むのはやめましょうと。典型が平安時代に承平天慶《しょうへいてんぎょう》の乱で討ち死にした平将門です。「新皇」と称して関東に独立王国をつくろうとしましたが、死後、神様として祀《まつ》られました。

敵であっても、戦争が終われば「よく戦った」「お疲れさま」と言って讃える。それが平和の道であり、よい文化だと思います。

朝鮮併合に見る日本の特異性

モーガン　朝鮮併合の話も伝えたいです。最近、朝鮮戦争に関する本を読んで驚いたことがあります。私は朝鮮戦争でアメリカ軍は、おかしなことをしなかったと思っていました。でも捕虜の扱いは、北朝鮮と中国側の軍のほうがよかったようです。

またアメリカ軍は北朝鮮に住む一般市民を大量虐殺する作戦ばかり立てていましたが、北朝鮮と中国側はそのような作戦は立てなかった。軍用機が少なかったこともありますが、一般市民を大量虐殺する発想はなかったようです。

マックス　アメリカは朝鮮戦争でも、残酷なことをたくさんやりました。中国が北朝鮮に共産主義の軍隊をつくろうとしたので、アメリカはそれを防ごうとしたのです。

モーガン　朝鮮戦争でアメリカが残虐なことをしたのは、アメリカではほとんど知られていません。「我々はヒーローだった」「共産軍が悪かった」と思っています。

アメリカは朝鮮戦争で、台湾にいる国民党の蔣介石の軍の人々を朝鮮半島に派遣しています。中国軍の捕虜が中国に帰るのではなく、台湾に行くよう説得させるためです。「台湾に行かなければ、拷問にかけて殺す」などと言って。

中国軍の捕虜を台湾に行かせることで、共産主義国よりも資本主義国のほうが素晴らしいというプロパガンダに使おうとしたのです。そして「台湾に行きたくない」「自分の故郷に帰りたい」などと言う捕虜は、殴る蹴るなどの拷問にかけた。つまり捕虜に対する扱いは、北朝鮮と中国のほうがマシだった。

マックス　それは北朝鮮軍が捕虜をとらず、韓国側の兵士を皆殺しにしたからです。その意味では、北朝鮮軍のほうが残酷です。

モーガン　ここで私が言いたいのは、日本は朝鮮併合のときに、そのような行為をしなかったということです。

マックス　日本は戦前に朝鮮を併合しました。このとき朝鮮を開発して、日本と同じレベルに上げようとした。これは植民地とは違います。植民地は搾取の対象です。でも日本は、朝鮮を日本と同じように扱った。金融でも学校教育でも医療でも、日本と同じ水準にしようとしました。

モーガン　軽工業も重工業も発展させるため、いろいろな工場を建てました。森林開発などもした。そんなことは植民地に対して行いません。

マックス　その国の資源を取るために港や鉄道をつくることはあっても、それ以外はつくりません。

モーガン　アメリカはイギリスの植民地でした。だからイギリスに搾取された。これが普通で、搾取されるのが嫌だったから独立したのです。ベトナムもそうだし、アフリカもそうです。植民地からは、できるだけ財産や血税などを奪いたい。ところが日本は逆に、自分たちのお金を使って朝鮮半島をよくしようとした。

そんなことをする国はほかになく、日本だけ全然違うのです。にもかかわらず「日本は悪で、アメリカは善」と朝鮮半島の人たちは思っています。これはアメリカがまだ東アジアにいて、歴史の真実を見えなくさせていることが大きいと思います。

マックス　教えていないからです。

モーガン　教えられていない。私たちアメリカ人も、アメリカにとって都合の悪いことは学校で教えてもらえません。日本に来て初めて、アメリカ人の残酷さがわかりました。

日本の歴史を知ることは、昔の素晴らしかった日本人に戻ることにもつながります。このようなことは、もちろんアメリカンバージョンだけれども、２０２４年の大統領選挙に立候補した、ロバート・ケネディ・ジュニア氏からも感じることです。

いまや崩壊寸前のアメリカですが、唯一、彼には希望を感じます。元司法長官のロバート・ケネディの息子で、彼の演説を聞くと「まだアメリカの精神が生きている」と思えて涙が出るほどです。「みんな平等」「弱者を守る」「環境を守る」「私たちは帝国ではない」「アメリカを大切にしよう」など、まだ希望の炎が完全に消えていないのを感じます。彼の立候補について、最初はリバタリアン党（完全自由主義者）が誘ったようです。でも断って、あえて無所属で出馬したのです。

マックス　勝てる可能性は低いですが……。

モーガン　それでもバイデンが辞退する前の世論調査では、たとえばケネディ、バイデン、トランプの3氏ではなく、ケネディ対バイデン、またはケネディ対トランプの場合、どちらもケネディ氏が勝っています。3人だと負けますが、1対1なら勝つ。

実際、だんだん力をつけてきているように思います。トランプもバイデンも、いろいろ問題を抱えていた。ケネディ氏に投票しようと思う人は、もっと増えるかもしれない。まぁ、実際にはバイデンの副大統領であるハリス対トランプという構図になりましたが、ケネディは多くのアメリカ人の心を打った気がします。もともとは民主党ですが、民主党とも共和党とも少し違う気がします。昔のアメリカのよさが蘇った感じです。日本からも昔の日本のよさを伝えてくれる人が出てくるのを期待します。

ガリア人の3分の1を殺したシーザー

モーガン　歴史教育に話を戻しますが、寺子屋では、西洋史を教えることも大事です。日本の保守の多くは、日本の歴史についてはわかっています。南京大虐殺がなかったことは、保守の中で常識となっています。大東亜戦争も他国を侵略するためでなく、欧米の植民地となっているアジア諸国を解放し、大東亜共栄圏をつくるためだったとわかっていると思います。

ところが西洋の歴史をわかっていない人が多い。たとえば古代ローマのジュリアス・シーザーです。彼は軍を率いて、現在のフランスに侵攻します。このときの記録を『ガリア戦記』に書いています。ここで彼は自分の行動を自慢していますが、彼がやったのはジェノサイドです。ローマ人のシーザーがガリア人は邪魔だからと、人口の3分の1にあたる100万人を殺したのです。

ガリアは、現在のフランスにあたります。いまのルーマニアもローマ人がルーツをつくった国ですが、昔はダキアと呼ばれ、別の民族が住んでいました。そこにローマ人が勝手に侵入し、皆殺しにしたのです。だからダキアに住んでいた民族は、ローマ人に入れかえられたのです。「ルーマニア」の「ルーマ」は、「ローマ」のことを指します。もともとある国を消して、「ローマ」を再現したのですね。また、「ニュー・ヨーク」はもともと、当然ながら「ヨーク」ではなかったわけですね。

西洋人は、このようなことばかりやっています。イギリスもそうだし、アメリカもそうです。彼らにとって、ジェノサイドは常識です。それを知っていれば、易々とアメリカを信用し、「アメリカと協力しよう」などと言うことはなくなります。

マックス　アメリカは政府だけでなく、会社も信用してはいけません。たとえば私は東京の杉並区高円寺に住んでいたとき、外国人タレントが所属する日本の芸能事務所に入っていました。

あるとき別の事務所から電話があり、「あなたは高円寺に住んでいるから、ボブという人を知っていますか?」と聞かれたのです。「知ってます。麻薬の売人です。高円寺では有名です」と言うと、電話口の人は「本当ですか！　もう仕事を頼んでしまいました」とものすごく慌てていました。

このような情報交換をしあうのは、日本では当たり前です。ところがアメリカ人の会社だと、そうはなりません。聞かれたらどんな人間でも「彼は素晴らしい！　使って大丈夫です」と言います。そしてどこかのテレビ局でトラブルを起こすと、今度は自分の会社に入れようとするのです。

またタレントはタレントで、一つの会社でトラブルを起こしても、別の会社から仕事が取れるから大丈夫と考えるのです。

オレオレ詐偽は日本だから通用した

モーガン　いまの話は日米同盟にも通じます。日本人は日米同盟をパートナー関係だと信用しています。「グローバル・パートナー」と思っていますが、全然違います。アメリカは利用しているだけです。

繰り返しになりますが、不都合なことが起きれば、すぐに「グッドラック」と言って去っていきます。いまは日米同盟がアメリカの都合に適《かな》っているからいい顔をするけれど、そうでなくなれば日本に対して知らぬ顔をする。それがアメリカ人の考えです。同盟はその場しのぎの関係で、信頼関係から結ぶものではありません。

マックス 先日ロバート・エアーズの回顧録を読んだのですが、とくにオバマ政権でアメリカは変わったと述べていました。当時のオバマ大統領が、アメリカの将軍たちに「あなたたちの仕事は、ヨーロッパと日本を押さえつけること」と言ったそうです。協力ではなく押さえつけるというのが、オバマ政権の考え方なのです。

日米同盟で日本から恩を受けても、アメリカは日本に恩があるとは思いません。「アメリカに協力していれば、それを恩に感じて日本が困ったときは返してくれる」などと思うのは甘すぎます。

モーガン 「恩」という概念はゼロです。

マックス アメリカに限らず、どの国も同じです。日本には「これからはロシアとのつきあいを深めていかなければならない」という声もありますが、甘く考えてはダメです。日本人は日本人以外、信用してはいけない。ロシアに恩を売ったら、いずれ恩を返してくれるといったことはありません。

私は人と話をするとき、自分の中のギアを変えます。マニュアル車を運転するとき、出したいスピードに応じてギアを変えます。同じようにアメリカ人と話すときと日本人と話すときで、心のギアを変えるのです。日本人とつきあうときは優しく、外国人とつきあうときは厳しくする。

日本人は、人をすぐ信用します。アメリカ人は、なかなか信用しません。たとえば日本人はちょっとした商談なら、商談成立したら、その場ですぐ現金を渡します。これはアメリカでは考えられないことです。

必ず弁護士を通し、契約書を交わしたうえでお金を払う。いきなり現金を渡したりしません。

モーガン　確かにあり得ません。

マックス　だから日本ではオレオレ詐偽のような、おかしな犯罪も起こるのです。かかって来た電話を信用して大金を払うなど、アメリカ人は絶対にしません。詐偽自体はもちろんありますが、アメリカではもっと複雑です。

アメリカ人は平気でウソをつきます。自分をよく見せるためウソをつくこともあれば、人を騙すためにウソをつくこともある。だからアメリカには弁護士が多いのです。アメリカ人の言う言葉は信用できないからです。

モーガン　すぐに信用するのが、ある意味、日本人の弱点です。アメリカであれロシア人中国人であれ、日本人と同じように接するから痛い目にあうのです。

マックス　日本製鉄によるUSスティールの買収話もそうです。合意の方向で進んでいたのに、バイデン大統領が否定的な態度を示した。失礼な話で、完全に日本を舐めています。

モーガン　岸田首相はアメリカに対し、「日本はアメリカのグローバル・パートナー」と言っています。要は「日米は仲間」ということです。日本製鉄によるUSスティールの買収は、仲間が買ってくれる話だから喜んでいいはずです。それでUSスティールも儲かるのだから、まったく悪い話ではない。

それなのに「あの真珠湾攻撃をした国の会社に売ってはダメだ」という話になる。やはりグローバル・パートナーと思っているのは日本だけです。実際は幻に過ぎないのです。

いまのアメリカはローマ帝国末期と同じ

マックス　アメリカの衰退は、ローマ帝国の歴史から見ることもできます。ローマ帝国が476年に崩壊したとき、当時のローマ市の人口は100万人でした。ところが100年後には5万5000人にまで減っていた。

「永遠のローマ」という言葉がありますが、実際にはここまで衰退したのです。崩壊によって官僚がいなくなり、エジプトから食料が来なくなった。その後も戦争や疫病などにより、完全崩壊した。

同じことはアメリカにもいえます。どれだけ栄えた時代があろうと、崩壊のときが来ています。

モーガン　「永遠のローマ」という言葉には、「ローマは移動する」という意味もあります。次のローマがビザンチン帝国だったり、モスクワとか、さらに大英帝国、そしてアメリカになる。世界の覇権を持つ国が移動するという考え方です。

マックス　アメリカ人は「自分たちこそ、いまのローマ」と思っています。博物館を見ればわかります。シカゴ、メトロポリタン、どれもローマ様式で建てられています。

モーガン　完全に真似している。だからいまのアメリカが崩壊しても、新しいローマが出てきます。ただ北京の場合、「自分たちがローマ」というより、「自分たちが世界を司る」という意識が強い気がします。いずれにせよローマが崩壊しても、ローマは消えない。

ゴキブリのような害虫が、いくら退治しても、いなくならないのと同じです。

日本人は、アメリカ人のつくりだした「パックス・アメリカーナ」という嘘を完全に信じ込んでいます。アメリカが衰退すれば、世界はカオスに陥ると。でも違います。アメリカがいなくても、世界がカオスに陥るとは限りません。逆に、うまくいくかもしれない。

マックス　ローマ帝国が消えたのは腐敗したからです。アメリカも同じで腐っている。落ちていくしかありません。

モーガン　末期のローマ帝国の道徳的堕落は、半端なものではありませんでした。ローマ時代のカトリック教会の司教、聖アウグスティヌスの『神の国』には、彼の目で見たローマの堕落が書かれています。そこでは人びとが道端でセックスをしたり、裸になって卑猥なダンスを踊ったりしています。いまのアメリカのニューヨークのマンハッタンは、当時のローマと同じと思っていい。

マックス　ローマ人は自分が国のために戦うのではなく、ゲルマン人を傭兵に使っていました。元老院の議員たちは、彼らに敵を大量虐殺させました。またパーティでは食べられないほど飲み食いして、さらに食べるために鳥の羽を喉に入れ、いま食べたものを吐いていました。ローマ人は道徳を失い、自分の満足ばかり追い求めるようになったのです。

モーガン　いまのアメリカも同じなのに、なぜ日本人はわからないのか。

マックス　イギリスから独立したときのアメリカはよかった。でもいまのアメリカは建国の精神を忘れています。

つきあうべきはアメリカやヨーロッパに虐げられた国の人たち

モーガン　西洋の本当の姿を知るには、アメリカ人とつきあうのをやめて、ヨーロッパの植民地だった国の人たちとつきあうことも大事です。

たとえばフランスの植民地だったニジェールとか、スペインの植民地だったニカラグアとか。あるいはアメリカインディアンです。そのような人から話を聞き、ヨーロッパ人がどのようなことをやったか教えてもらうのです。

ハワイもその一つです。私は一時期ハワイに住み、ハワイ独立派になりました。アメリカはかつてのハワイ王国に対して、本当にひどいことをやったとわかったからです。

マックス　アメリカは１８９８年にハワイを併合しますが、これも強制的に行ったものです。この頃の日本とアメリカは、ハワイを巡って一触即発の状態でした。

アメリカによってハワイ王国が崩壊寸前となり、このときハワイには日本からの移民が2万5000人いました。彼らの命を守るため、日本からは東郷平八郎が軍艦でハワイに出向いていています。

併合後、もともとハワイにいたポリネシア系民族の人たちの人口は減りつづけ、いまでは人口の8パーセントしかいません。あとは中国系や日系、白人など、よそから来た人たちです。

モーガン　そうしたアメリカやヨーロッパに虐げられた人たちを日本に呼び、「我々は植民地時代、こんなことをされました」などと演説してもらうのです。

マックス　SNSなど、ネットからも知ることができます。私も「軍事歴史がMAXわかる！」という番組を動画配信しています。ぜひご覧になっていただきたい。

第7章

世界一の道徳力を持つ国・日本は必ず復活する！

靖国神社に参拝すれば日本人のアイデンティティは取り戻せる

マックス　日本の弱体化の陰謀を潰し、強い日本を復活させる方法として、5章では盾作戦や徴兵・徴農、6章では歴史教育などについて議論してきました。

ただし日本がアメリカから完全に独立し、真の強国になるには時間がかかります。戦後80年、日本はアメリカに洗脳されてきたのですから、簡単に切り換えるのは難しいものがあります。

とはいえ日本には、世界に誇る素晴らしいものがたくさんあります。歴史や文化はもちろんですが、もう一つ私が素晴らしいと思うのが日本人の道徳力です。

日本は宗教的に「神の国」であり、選ばれた国です。日本人の道徳力に触れるたびに、そのことを感じます。この道徳力がある限り、日本は必ず復活します。

今回の対談の最後は日本人の道徳力を中心に、日本人の内面的な素晴らしさについて議論したいと思います。

モーガン　私も日本は、「神の国」だと思います。宗教を切り離して、日本を語ることはできません。鎌倉時代後期から南北朝時代にかけての公卿、北畠親房は『神皇正統《しょうとう》記』を書きました。「神の国」は日本のアイデンティティなのです。

一方で「民主主義」は、偶像です。偽の神です。神や仏とともに長く生きてきた国は、日本しかありません。昔から日本は独立している国なのです。それに早く気づいて行動してほしい。日本人が日本人として、この国をよくしていくしかありません。

それが、どのような国かはわかりません。私は地球の反対側に生まれた人間ですから。でも日本人は、わかっていると思います。

じつは先日、素晴らしい人に出会いました。元陸上自衛官の荒谷卓氏です。2004年に設立した陸軍の特殊部隊、特殊作戦群の初代群長です。2008年に退官し、現在は三重県熊野市に移り住み、米栽培をしながら武道家や執筆活動を行っています。

彼はまさに日本人として生きています。米の栽培を行い、八百万の神々に祈る生活を送っている。このような生き方は、やろうと思えば誰にでもできます。米を栽培するという話ではなく、日本人のアイデンティティをきちんと持って生きるのです。

自分のアイデンティティに戻るのは一番シンプルです。私は頑張らなくても、アメリカ南部のアイデンティティに戻れます。「ルイジアナの田舎の普通の人間」というのが、私のアイデンティティです。
日本人になろうと思ってもなれないし、アメリカでもミシシッピーなど、他の州の人間にもなれません。日本人も頑張らなくても、自然に日本人に戻れるはずです。
そのための答えは、日本列島の中にあります。靖国神社に参拝し、伊勢神宮にも行く。そうすれば自分は誰かを思い出せます。

マックス　私は3歳のときから、日本に行くべきとわかっていました。声が聞こえたのです。「それがあなたの運命です」と。日本で何をやるかはわかりませんでしたが、「アメリカを見たうえで、日本に行け」と言われました。

モーガン　いまも運命だったと思っていますか？

マックス　波瀾万丈の刺激的な人生でしたが、それも日本にいたおかげだと思っています。だからこれからの日本についても、楽観的に考えています。50年間、日本人を見てきた中で、日本人は少しずつよいほうに変化しています。
親米保守は、ある時期まで必要だったと思います。アメリカが強い時期に「日本は危険」だと思われれば、アメリカはもっと厳しい態度をとったでしょう。でももう、その時期は過ぎました。親米保守の人たちには「お疲れさま」と言って、引退してもらう。そして日本はもっと強い、天下を取れる立場に立つ。そのように転換する時期です。

モーガン　親米保守に対して、「これから新しい時代が始まります。いままでよく守ってくれました」とお礼を言う。そして帰ってもらうのです。

外国人に日本語で話しかけるようになった日本人

マックス　日本の若者には、とくにそうした意識の人が増えていると思います。小さな兆しとして、たとえば私が街を歩いていると、日本語で話しかけられるようになりました。

モーガン　私も最近、増えています。

マックス　昔は街で誰かに話しかけようとすると、「イングリッシュ、ノー！」などと言って、逃げていきました。

モーガン　よくありました。でも最近はそうではない。数カ月前、大学の近くの道を歩いていると、バスから降りてきた日本人に「病院はどこですか？」と日本語で道を聞かれました。嬉しかったです。

「病院はあそこにあります」と言って途中まで一緒に行くと、「ありがとうございます」

とお礼を言われた。外国人に道を尋ねる日本人が現われた。これは日本人が自信を持ったからだと思いました。

「ここは日本だから、外国人でも日本語が通じて当然」と思ったから、私に日本語で尋ねたのではないでしょうか。20年前は私を見て道を聞こうと思う人は、まずいなかった。それが外国人相手でも、日本語で話しかけるようになったのです。

マックス　最近の若者は、海外に行かなくなったといわれます。これを嘆く声もありますが、よい兆候とも考えられます。昔の日本人が海外に行きたがったのは、「西洋のほうが上」という意識があったからです。海外に行かなくなったのは、そうした意識がなくなったからのように思います。

私は若い頃、よく仕事や遊びでタイに行きました。でも私の妻は、誘ってもタイに行きたがりませんでした。妻は日本人で、「日本人は昔アジアでひどいことをした」と学校で教えられたからです。

でも実際は、タイの人たちは日本を尊敬しています。私のいまの名前はマックス・フォン・シュラー・小林で、「小林」という日本の姓もあります。その前は、私が尊敬する帝国陸軍の山下奉文《ともゆき》大将の姓をとって、「山下」と名乗っていました。

タイの陸軍と親しくなり、彼らがクーデターを計画したときは、私も参加しました。結局、実行しませんでしたが、将軍を交えたパーティで飲んだりもしました。このとき私の姓が「山下」と知ると大歓迎されました。「日本のおかげで、タイは自主独立をずっと守ってこられたのです」と、はっきり言われました。

「大東亜戦争で日本が踏んばったから、タイの自主独立は守られた」というのが彼らの認識です。「あなたも日本人だから、ありがとう」というわけです。インドネシアも、日本にいい感情を抱いていますす。

モーガン　マレーシアもそうです。

マックス　ミャンマーもそう。

モーガン　インドもそうです。

マックス　インドが独立できたのは、間違いなく日本のおかげです。インドの独立運動家のチャンドラ・ボースは、大日本帝国からの支援を受けてインド独立軍を組織できたのです。このインド独立軍こそ、戦後にインドがイギリスから独立する大きな力になりました。

モーガン　ところがその日本が、いまは逆にアメリカの属国になってしまった。世界の歴史を見ても、これほどの悲劇はありません。もし私がタイ人なら、「今度はタイが日本を解放したい」と思うかもしれません。

マックス　タイは一度も植民地になったことがありません。アジアで欧米の植民地にならなかったのは、日本とタイだけです。またフィリピンは、アメリカの植民地から脱するために、1899年から1912年まで13年もアメリカと戦いつづけました。

モーガン　米比戦争です。1898年にアメリカがスペインと戦った、米西戦争の延長線上で始まった戦争です。

マックス　米比戦争でアメリカが殺したフィリピン人は、およそ100万人にのぼります。この戦争に反対する記事を何度も書いたのが『ハックルベリー・フィンの冒険』や『トム・ソーヤの冒険』で知られる、アメリカの作家マーク・トゥエインです。アメリカの帝国主義に猛反対しました。

モーガン　マーク・トゥエインも南部出身です。

マックス　ミズーリ州です。ハンニバルにある彼が子どもの頃に過ごした家を見に行ったことがあります。『トム・ソーヤの冒険』に登場する洞窟にも行きました。

モーガン　いいですね。日本を取り戻す1つの方法として、昔の小説を読むというのもあると思います。私が教えている学生は、日本の文学や小説をほとんど買わないし、知りません。三島由紀夫の文学も読んだことがない人が多くいます。川端康成、谷崎潤一郎をわかっていない人も、多いのです。これは悲しい話です。

日本語を話せない外国人は雇ってもらえない時代

モーガン　日本は高度経済成長を遂げた1970年代頃から、国際化を目指すようになります。でも国際化が何か、わかっていなかった。これが悲劇でした。「国際化＝いいこと」「国際化＝多様性が増える」などと、ポジティブなイメージしか持たなかった。本当の国際化とは、どのようなものかわかっていなかったのです。

もっと世界に出て、世界の中で日本がどのような国かわかったうえで、日本のことを考えてもらいたいと思います。私が教えている学生は、中国や台湾、あるいはアメリカに行くと、帰国後に必ず「日本の地下鉄って、きれいですね」「日本の治安はいいですね」などと言います。初めて国を出て外国を知って、日本がよい国だと気づくのです。

国際化するには、外国をわかっていることが大前提です。外国のことがわかれば、日本のよさもわかるし、日本を大事と思うようになります。「この国を守りたい」と思えば、自分たちで動くしかない。他人、つまりアメリカに頼るという発想もなくなります。

むしろ世界を日本化させればいいのです。『Ｙｏｕは何しに日本へ?』というテレビ番組がありますね。日本の空港にいる外国人に、日本に来た理由を尋ねるという内容です。あそこにいる「Ｙｏｕ」は、ある意味「Ｙｏｕ」を捨てに来たようにも思います。

日本文化という、新しい世界を体験するために日本にやって来た。だから「Ｙｏｕ」ではなく「あなた」と呼ばれたい。外国人が日本に来て、自国にはない何かを求めているのです。自国でできない体験を求めているのだから、言葉にしても日本人は自信を持って日本語で対応すればいい。

私はフランスに行けば、たどたどしいフランス語で話をします。相手のフランス人は喜んでくれます。「この人はフランス語をリスペクトしてくれている」と思うからです。でもイギリス人やアメリカ人はフランス語を使いません。英語で通すから嫌われています。彼らは相手の国の言葉を使うようなサービスをしたくないのです。

外国に行って、その国の言葉を話すのは、当然のことです。日本に来た外国人は、少しでも日本語を覚えてくれるといいと思います。もちろん、限界があります。短い滞在ですと、挨拶ぐらいしか覚えられないかもしれません。が、それもとても大事と思います。

マックス　いま日本で仕事をしたい外国人は、日本語が話せないと雇ってもらえません。たとえば結婚式の牧師です。私もアルバイトでやっていますが、日本語ができない人は門前払いです。何年か前なら、下手な日本語しか話せない人でも採用されました。下手な日本語しか話せないことが、むしろ外国人らしいと喜ばれました。いまは流暢《りゅうちょう》な日本語で話せないとダメです。

モーガン　外国人の牧師が、日本語で儀式をするのですか?

マックス　もちろんです。私も牧師をやりたい外国人に、日本語を教えたことがあります。私が入っている芸能事務所には日本語を教える先生がいて、まず日常会話を覚えさせるところから始めます。仕事を探しているアメリカ人の友だちを紹介したことがありますが、日本語が話せないし、覚える気もないので断られました。

モーガン　昔は日本の情報を発信しているアメリカ人には、日本語ができない人が多かった気がします。彼らの記事を読むと、日本を見下しているのがわかります。今でも、そのような「日本が嫌い外国人ジャパン・エクスパート」が多くいます。彼らが日本語ができるかどうかわかりませんが、彼らの書く文章は日本をバカにしています。

マックス　昔は日本に来たアメリカ人は、何もできなくても稼ぐことができました。テレビの仕事や英会話の先生をやれば、かなりの高収入が得られました。いまは全然ダメで、テレビの仕事料もすごく安くなっています。私もテレビの仕事は、ほとんどしていません。先ほど出た結婚式の牧師も、ずいぶん安くなっています。昔と違い、アメリカ人というだけで特別扱いしてもらえなくなっています。

モーガン　こんなアメリカのジョークがありました。日本で英語の先生の仕事をするために、必要なものは二つある。一つはネクタイ。もう一つは心拍。つまり生きていることと、ネクタイがあること。それだけで十分だと。

マックス　昔は本当に変な外国人がいっぱい来ました。「日本に行けば儲かる」と書いた本がたくさんあったのです。

モーガン　私も読みました（笑）。

アメリカより日本のほうが自由な国

マックス　昔の日本人女性には、アメリカ人男性に憧れる人がたくさんいました。私は日本に来て、何度も日本人女性とデートしました。彼女たちの目的は、私と結婚することです。私と結婚すると、アメリカで暮らすためのビザが下りるからです。

だから私が「アメリカに帰る気がない」「毎年、靖国神社に参拝している」と言うと、もう私への興味を失ってしまう。そんな女性が何人もいました。

そのうちのひとりに、なぜアメリカで暮らしたいかを聞いたことがあります。「アメリカは自由だから」と言っていました。彼女は長女で、父親が亡くなったら全部、自分で葬式の手配をしなければならない。アメリカに行けば、しなくてよくなるというのです。

でも彼女は、外国で暮らす大変さがわかっていません。「ジーパンを穿けるから自由」などと言っていましたが、大きな間違いです。

モーガン　そのとおりです。アメリカの田舎は、日本よりもっと保守的です。

マックス　私は一時、ビザの関係で、オーバーステイにならないためにアメリカに戻ってニューヨークの会社で働いたことがあります。このとき日本食レストランに行くと、働いている人は日本人ばかりでした。なぜアメリカに来て、わざわざ日本食レストランで働くのか。何しに来ているのか不思議でした。

モーガン　ニューヨークには、秋篠宮の長女・小室眞子さんも住んでいます。日本の元皇室の人まで、ニューヨークに憧れることに驚きました。失礼ながら皇室までが崩れているのかと、涙が出る思いでした。こんなに素晴らしい国に生まれたのに、なぜニューヨークのような汚い街で暮らすのか。

マックス ニューヨークは、どんどんひどくなっています。私が暮らしていた1995年まではまだマシでしたが、いまは本当に腐っています。

モーガン 同調圧力も、アメリカのほうが強いです。私は日本に来て、むしろ自由になった気がします。

日本では、相手の個性を尊重します。「いろんな人がいる」が前提になっている。「落書きしない」「万引きしない」「ある程度きちんとした格好をする」などといった迷惑行為をしない限り、何をしてもいい。

考え方も自由です。アメリカでは「南部が好き」と言えば、すぐに「差別主義者」と言われます。「十人十色」という考え方は、素晴らしいと思います。

マックス 本当に日本は、自由です。政治に対するスタンスにしてもアメリカの場合、「あなたはどこの政党を支持していますか?」とすぐに聞かれます。「政治に興味ないです」と言ってもダメです。必ずどこを支持しているか答えなければならない。

私の高校時代はベトナム戦争が始まっていたので、「あなたは戦争に反対ですか？　賛成ですか？」とよく聞かれました。そして自分と意見の違う人だと、すごい勢いで反論を始めるのです。バーに行くと、そんなことはしょっちゅうでした。日本は違います。居酒屋に行って、そんなことは誰も聞きません。

265年間、小競り合いしかなかった江戸時代の奇跡

モーガン　それこそが、社会がうまくいく秘訣です。政治の話はしない。私も日本で日常会話の流れで聞かれたことがありません。でもアメリカでは、いろいろな角度から聞いてきます。「共和党か、民主党か」だけでなく、「最近こんなニュースをよく見るね〜」などと言って、相手の反応を見るのです。そして「トランプ前大統領が刑務所に入るかもしれないね〜。あなたは、どう思ってるのかな〜」などと探りを入れる。

あるいは、「最近、地球温暖化がひどくなってるね〜」などと遠回しに聞いてくる。私はこれが、すごく嫌です。日本でこうしたことはありません。

マックス　アメリカの夫婦は、3分の2が離婚します。一番の理由は昔からお金の問題

ですが、最近は支持政党というケースが増えています。夫が共和党で妻が民主党なら、もう同じ部屋にいたくない。

モーガン　そういう話は、よく聞きます。日本人は、人が何を支持しているかなど聞きません。人が違う意見の持ち主でも、自分には関係ないと思っているからです。

マックス　私は保守ですが、共産党に近い友だちもいます。そういう人と会うときは、政治の話にならないように、ほかの話をします。

モーガン　私のホームステイ先だった岐阜市の家のご主人は、新聞は『赤旗』を毎日読んでいました。私は保守なので、いろいろと意見が違うところもありました。でも「お前とは主義が違うから一緒にいたくない」とは言いません。私を息子のようにかわいがってくれました。「バカ息子」と思っていたかもしれませんが（笑）。

「人間は違って当たり前」と思っている。社会が成熟しているのです。主義が違うと「あっちへ行け！」というアメリカ人は、小学生と同じです。

私は職場で、他の人々のみんなが普通に挨拶してくれます。考え方は正反対でも、「お疲れさまです」「今日は雨ですね」などと会話もしてくれる。ただし政治的な話はしない。社会がうまく回るための大事なポイントです。

違う意見の相手を認めなければ、行き着く先は戦争です。いまのアメリカ人は、そうしたことを何も考えていません。だから内戦をテーマにした映画『シビル・ウォー』が公開されたのは、アメリカ人が戦争を考える、いい機会かもしれません。お世辞を言えないことが、戦争の引き金になると思います。「お疲れさま」と言わず、極端にいえば「お前は嫌いだ！」と言う。

でも社会には、嫌いな人がいて当然です。それをストレートに出せば、社会が成り立たない。「お疲れさま」「うまくいきましたね」「よかったですね」などと、ちょっと嘘をつけばいいのです。

マックス　世界で最も素晴らしい文明を築いたのが、日本の江戸時代です。２６５年間、一度も対外戦争も内戦も起こらなかった。ちょっとした小競り合いはありましたが、本格的な戦争は起きていません。こんな歴史を持つのは日本だけです。

明治維新では戊辰戦争が起こりましたが、1年で終わりました。これからの日本でも、ちょっとした混乱は起きるかもしれませんが、すぐに終わると思います。

モーガン　２０１1年の東日本大震災で、アメリカ人は日本人の行動に驚きました。あれほどの大災害だったのに、略奪も暴動もない。

マックス　食べ物もないのに避難所におにぎりを積んだトラックが来ると、みんなちゃんと並んで待ちました。

モーガン　少し前、こんな動画を見ました。駅構内を歩いている日本人が転んで、持っていた荷物が周囲に飛び散ったのです。気づいた人たちがみんな走り寄り、飛び散った荷物を拾って持ち主に返したのです。

これがアメリカなら、絶対に戻ってきません。みんな持ち去ってしまう（笑）。

マックス　東日本大震災では、もう1つ日本人の美徳を感じました。警察官や消防士が、まず自分の仕事を最優先したのです。自分の家族が無事かどうかわからない中、市民の無事を最優先した。アメリカ人なら、自分の家族が第一と考えます。

モーガン　気仙沼市の菅原茂市長は、震災で息子さんが亡くなったにもかかわらず、市長の仕事を優先しました。本当にすごいと思います。「市民のために自分がやらねば」という高邁《こうまい》な精神を持っているのです。

このような精神を持っている限り、日本の復活は間違いありません。

おわりに

この本を作るのは、とても楽しいことでした。ジェイソン・モーガンさんと長い時を過ごし車座になり、アメリカと日本の社会で何が起きているのかを話すのは、とても有意義でした。

すでに私たちのことを知っている人にとっては、この本で議論したテーマは驚くべきことではないかもしれませんが、新しい読者にとっては、まあ、かなりショックかもしれません。しかし、アメリカの衰退は非常に進んでいます。

ドナルド・トランプ氏が２０２４年11月に大統領選に勝ったとしても、彼はアメリカを救うことはできません。手遅れです。彼にできるのは、避けられない崩壊を遅らせることだけです。

カマラ・ハリス氏が勝ったとしても、彼女は最終的な破滅を早めるだけです。そして民主党は実際に奇跡的なトリックをやってのけ、アメリカの右派が暴力的に反応しないことに賭けるかもしれません。それは起こり得ます。しかし、アメリカの右派が反乱を起こさなかったとしても、結果は混乱への崩壊となるでしょう。

1960年代のようなアメリカの黄金時代を取り戻すことは、もはやありません。

この本は、差し迫ったアメリカの崩壊を日本人に理解させ、日本がどう準備すべきかを教えるために書かれたものです。日本は忠実にアメリカと同盟を組むべきだと信じている日本人はたくさんいます。

そして、日本の独立した外交政策を作らず、アメリカに従います。彼らにとって、アメリカの敵は日本の敵です。一方でご存じの通り、アメリカは世界のほとんどの国と敵対しています。日本はそうなるべき国なのでしょうか？

いいえ、日本人はよく考えて、崩壊しつつあるアメリカから脱却すべき時です。

多くの日本人が私に、アメリカを助けるにはどうしたらよいかと、尋ねます。でもそうです、何もできません。アメリカ人はこれらの社会問題を自分たちで作り出したのです。自分たちで解決しなければなりません。日本人はアメリカ人とは全く考え方が異なり、私たちの努力を助けとして理解しないでしょう。

そして第二次世界大戦以来何十年もの間、アメリカは日本をまったく助けてきませんでした。常に、彼らは自分たちの利益のために行動してきました。

そこで日本は、今こそ自らを救う時であり、アメリカで多大な損害をもたらしている破壊的な社会政策を拒否すべき時なのです。

この本で、ジェイソンさんと私は、日本の独立をどのように実現するかについて、いくつかのアイデアを提示しています。しかし、それは草の根の取り組みでなければならず、日本国民全員がそれぞれの役割を果たさなければなりません。

ただ、それは可能です。日本国民は非常に知的で、勤勉です。ジェイソンさんと私は、この取り組みに協力できることをとても楽しみにしています。

2024年8月

マックス・フォン・シュラー